Bärbel Mechler

Von Psychopathen umgeben

Wie Sie sich erfolgreich gegen schwierige Menschen zur Wehr setzen

Haben Sie Fragen an die Autorin?
Anregungen zum Buch?
Erfahrungen, die Sie mit anderen teilen möchten?
Nutzen Sie unser Internetforum:
www.mankau-verlag.de

Bibliografische Information der Deutschen Nationalbibliothek
Die Deutsche Nationalbibliothek verzeichnet diese Publikation in der
Deutschen Nationalbibliografie; detaillierte bibliografische Daten sind im
Internet über http://dnb.d-nb.de abrufbar.

· Bärbel Mechler

Von Psychopathen umgeben

' ISBN 978-3-86374-123-5
3. Aufl. 2015 (1. Aufl. 2013, 2. Aufl. 2014)

Mankau Verlag GmbH
Postfach 13 22, D-82413 Murnau a. Staffelsee
Im Netz: www.mankau-verlag.de
Internetforum: www.mankau-verlag.de/forum

Lektorat: Martin Stiefenhofer, Nürnberg
Endkorrektorat: Susanne Langer M. A., Traunstein
Gestaltung Umschlag: Andrea Barth,
Guter Punkt GmbH & Co. KG, München
Gestaltung Innenteil: Sebastian Herzig, Mankau Verlag GmbH

Druck: Druckerei C. H. Beck, Nördlingen

MIX
Papier aus verantwor-
tungsvollen Quellen
FSC® C019821
FSC
www.fsc.org

Inhalt

Vorwort einer Betroffenen

Seit ich denken kann, bin ich Opfer von Menschen gewesen, die mit unglaublichem Selbstverständnis mein Leben dominiert haben. Zunächst war da mein Vater, der sich grundsätzlich für den einzig vollkommenen Menschen hielt und immer noch hält und der mir anstelle von Liebe, Geborgenheit und Selbstvertrauen das Gefühl von tiefer Unzulänglichkeit vermittelte. Ich lernte schon als Kind sehr schnell, dass Gehorsam und Unterordnung die einzigen Mittel waren, ihn milde zu stimmen und mich vor seinen erniedrigenden Zurechtweisungen zu schützen. Später heiratete ich einen Mann, der ihm, wie es sich mit der Zeit immer deutlicher zeigte, in nichts nachsteht. Und auch in meiner weiteren Familie sind diese selbstverliebten Tyrannen gut aufgestellt. Mein ganzes Leben war stets darauf ausgelegt, ihnen allen zu gefallen, alles recht zu machen, um nur keine Konflikte heraufzubeschwören. Konflikte, die für mich ohnehin nur in weiteren schmerzlichen Niederlagen enden würden. Dieses „Lebensmodell" betrieb ich nahezu bis zur Selbstaufgabe. Aber nicht nur in der Familie, auch im Berufsleben stieß ich immer wieder auf rücksichtslose Menschen und fühlte mich ihnen von vornherein ausgeliefert. Einmal Opfer, immer Opfer. In meiner Not begann ich eine Psychotherapie. Doch die 45 Minuten in der Woche reichten nicht einmal aus, um die aktuellen Erlebnisse zu berichten, geschweige denn Lösungen zu finden. Das Ergebnis war, dass ich nach diesen Sitzungen noch aufgewühlter war als zuvor. Nach ein paar Monaten brach ich die Therapie ab.

Doch eines Tages sollte sich alles ändern. Ich kam mit einem Bekannten ins Gespräch. Er gab mir die Adresse von Bärbel Mechler und sagte: „Da bekommst du Hilfe, und zwar sofort. Diese Fieslinge einzubremsen ist ihre Spezialität." Als ich mich schließlich entschied, sie aufzusuchen, wusste ich weder ein noch aus und hatte das Gefühl, ohne Ausweg in meiner Lebenssituation festzustecken. Denn ich war überzeugt, mich ohnehin nur zwischen Anpassung und Ärger wie zwischen Pest und Cholera entscheiden zu können. Ich fürchtete mich damals sehr vor den Angriffen und Sanktionen, die eine Veränderung mit sich bringen würden. Aber zu meiner großen Überraschung lernte ich schnell, dass diese Ängste unbegründet waren, und meine neugewonnene Sicherheit beflügelte mich von Tag zu Tag mehr.

Heute, im Rückblick, bin ich sehr stolz auf mich, dass ich diesen Schritt gewagt und mich der Auseinandersetzung gestellt habe. Die Machtmechanismen, die solche Leute gegen ihre Mitmenschen einsetzen, erkenne ich mittlerweile auf den ersten Blick, und sie können mich daher nicht mehr erschrecken. Ich kann allenfalls noch darüber lachen.

Denn jetzt weiß ich, dass diese angeblich so starken Menschen in Wirklichkeit von unglaublicher Angst getrieben sind. Sie sind innerlich schwach, auch wenn sie selbst Angst und Schrecken verbreiten und den Eindruck vermitteln, mächtig zu sein. Sie sind Schatten, leben im Schatten und sehen auch keinen Grund, das zu ändern. Daher war es unerlässlich, mich auf den Weg zu machen, die eigenen Fesseln zu sprengen und mein Leben selbst in die Hand zu nehmen. Ab dem Moment, da ich ihnen die Masken vom Gesicht reißen konnte, hatten sie ihre Macht über mich verloren. Und das Schöne daran ist, sie spüren es und wissen es. Ich hätte nie zu träumen gewagt, dass sie so leicht einzuschüchtern sind und so schnell einbre-

chen. Sie sind zwar innerlich verärgert über meine neue Freiheit, aber sie wagen es nicht mehr, mich herauszufordern. Sie
sind eben nicht die Starken, die sie immer zu sein vorgeben.

Ich habe ein neues Leben begonnen und bin mit 42 Jahren
doch noch selbstsicher, gelassen und konfliktbereit geworden. Im Lauf der Jahre habe ich auf der Suche nach Hilfe viele
Bücher zu diesem Thema gelesen. Ihnen allen war gemeinsam, dass ich mich in ihnen zwar als Opfer wiedergefunden,
aber nur allgemeine und keine konkreten Ratschläge erhalten
habe, die etwas an meinem Problem hätten ändern können.
Deshalb habe ich Bärbel Mechler gebeten, endlich ein Buch
zu schreiben, das anders ist. Eines, das durch Beispiele und
Anleitungen auch anderen vermeintlich Schwachen wieder
Mut macht und sie aus den Klauen ihrer Peiniger befreien
kann.

Nehmen auch Sie Ihr Leben selbst in die Hand, um wieder
entspannt und frei durchatmen zu können. All die Quälgeister sind nur deshalb so stark, weil Sie sich vor ihnen fürchten. Ihr böses Spiel kann nur funktionieren, wenn sie einen
Schwachen finden, an dem sie sich festbeißen können. Aber
das wird sich ändern. Dieses Buch macht Mut mit vielen konkreten Fallbeispielen, es gibt Hilfestellungen, die sofort ange-
wandt werden können. Es ist ein Arbeitsbuch, das man zur
Not in der Handtasche mit sich tragen sollte, um im Ernstfall
unmittelbar mit genialen Antworten kontern zu können. So
kann sich jeder Schritt für Schritt selbst befreien.

Evelyn E.

Der Psychopath in meinem Leben

„Nicht jeder, der irrt, ist menschlich."
Gerhard Uhlenbruck

In allen Bereichen unseres Lebens stoßen wir auf Menschen, die sich rücksichtslos und mit blinder Selbstüberschätzung über andere erheben, sie beherrschen und ihr Leben aus dem Gleichgewicht bringen. Ich spreche von Leuten, die bereit sind, alle Mittel auszuschöpfen, um Macht über andere zu gewinnen, und die ihre Überlegenheit offen demonstrieren; die ihrem eigenen Bekunden nach alles richtig machen, alles beurteilen können und genau wissen, was andere zu tun und zu lassen haben. Solche Leute fühlen sich geradezu zum Herrschen geboren – und empfinden sich obendrein noch als vorbildlich und nachahmenswert. In diesem Wahn suchen sie sich ein breites Wirkungsfeld und machen allen, die ihnen an Kaltblütigkeit nicht gewachsen sind, das Leben zur Hölle. So haben beispielsweise viele Arbeitnehmer mittlerweile das Gefühl, morgens eher ein Schlachtfeld zu betreten als einen Arbeitsplatz.

Ich kenne fast niemanden, der nicht irgendwo in seinem Umfeld mindestens einen solchen Menschen hat, gegen den er sich nicht wehren kann und in dessen Gegenwart er sich ohnmächtig oder sogar bedroht fühlt.

Diese Menschen mit emotionalen Funktionsstörungen üben Gewalt aber nicht immer, wie man vielleicht vermuten könnte, durch offene Aggression oder verbale Attacken aus. Ganz und gar nicht. Sie beherrschen die Kunst des Manipulierens und Verstellens. Viele geben sich nach außen charmant und offen und wirken mitunter unglaublich interessant. Sie führen ein Leben auf der Überholspur und verstehen es meisterlich, andere in ihren Bann zu ziehen. Doch der Tag des Erwachens wird kommen. Denn jeder, der eine Zeit lang mit ihnen in einer Beziehung steht, der weiß, dass sie einem trojanischen Pferd gleichen, das sich zunächst als verheißungsvolles Geschenk ausgibt, aber letztendlich den sicheren Untergang beschert. Doch groteskerweise verstehen diese Menschen es trotz des Elends, das sie verbreiten, sich selbst gegenüber ihre negativen Machenschaften vollständig auszublenden.

In der Psychologie nennt man Menschen mit dieser krankhaften Ausprägung Psychopathen.

Der Kriminalpsychologe Robert Hare von der University of British Columbia in Vancouver beschäftigt sich seit 1960 intensiv mit der Psychopathie und gilt weltweit als der angesehenste Psychopathenkenner. Er geht davon aus, dass Psychopathen soziale Raubtiere sind, die sich mit Charme und Manipulation skrupellos ihren Weg durchs Leben pflügen und eine breite Schneise gebrochener Herzen, enttäuschter Erwartungen und geplünderter Brieftaschen hinter sich lassen. Ein Gewissen und Mitgefühl für andere Menschen fehlt ihnen völlig, und so nehmen sie sich selbstsüchtig, was sie begehren, und machen, was sie wollen.

Für alle, die sich nie mit dem Thema Psychopathie beschäftigt haben, ist es fast unmöglich zu begreifen, dass es Menschen gibt, die kein Gewissen haben sollen, da doch gerade diese Instanz das Menschsein ausmacht. Wenn im Tierreich eine Löwin ihre Beute schlägt, kennt sie keine Vorbehalte. Es plagen sie keine Gewissensbisse, ob ihr Opfer leidet oder ob es Jungtiere zurücklässt, die nun schutzlos dem Tod preisgegeben sind. Sie jagt, weil es in ihrer Natur liegt. Wenn aber Menschen einem ganz ähnlichen Instinkt folgen, mit der gleichen Unerschrockenheit und absolut emotionslos gegen andere vorgehen und sie ebenfalls im weitesten Sinne nur als Beute betrachten, dann sind wir aufgerufen, wachsam und wehrhaft zu sein.

Doch nicht nur Psychopathen sind skrupellos, sondern auch Menschen mit der psychopathischen Charakterstruktur und solche, die bereit sind, ihre selbstsüchtigen Ziele gnadenlos durchzusetzen, also hohe Übereinstimmungsmerkmale mit diesen Charakteren aufweisen. Sie alle bilden den erweiterten Kreis des antisozialen Kontrollsystems. Diejenigen, die mit solchen Leuten zu tun haben, empfinden deren Angriffe oft als seelische Verletzung und fühlen sich hilflos und ausgeliefert. Und ein großer Teil von ihnen gibt jede Hoffnung auf, dass es ein Entrinnen aus diesen schmerzlichen Situationen geben kann. Meistens wissen sie nicht einmal, warum es ihnen so schwerfällt, etwas zu verändern, wo sie doch so große Sorgen und Nöte erleiden.

Widerstand will gelernt sein

Ich bin schon so etlichen Menschen begegnet, die glauben, dass jede noch so kleine Veränderung ihre ganze Existenz bedrohen könnte. Manche wagen es nicht, einem Vorgesetzten zu widersprechen, weil sie befürchten, dadurch ihren Arbeitsplatz oder ihre Position zu gefährden. Andere sorgen sich, dass der Ehepartner schnell sein Interesse an ihnen verlieren und sie verlassen könnte, wenn sie nicht nach seiner Vorstellung funktionieren. Und wieder andere sehen sich in der Gefahr, ausgegrenzt zu werden, wenn sie sich nicht der Meinung von Arbeitskollegen, Familienangehörigen oder wem auch immer uneingeschränkt anschließen. All diese Menschen leugnen aus Furcht vor Repressalien ihre eigenen Vorstellungen und akzeptieren ein Leben in einer permanenten Krisensituation.

Woher kommt das? Zum Teil liegt das daran, dass viele von frühester Kindheit an gelernt haben, sich zu verleugnen, die eigenen Bedürfnisse zu unterdrücken, sich klein und möglichst unauffällig zu verhalten. Sie haben erfahren, dass eigene Vorstellungen unmaßgeblich oder sogar schlecht sind und eigene Anschauungen oft kurzerhand als Ungehorsam abgetan und sogar bestraft wurden. So waren sie irgendwann unbewusst bereit, ihre tiefsten Sehnsüchte und Gefühle zu verraten, um sich an ein Leben anzupassen, das sie nicht erfüllt und das anderen Möglichkeiten einräumt, Macht über sie auszuüben. Nicht umsonst leben wir mittlerweile in einer Welt der Schwachen, in der sich die Menschen vor ihrer eigenen Zivilcourage zu fürchten scheinen. Es wird nur noch stillgehalten und durchgehalten in der Hoffnung, dass irgendwann von irgendwo Erlösung kommt. Deshalb ist es nötig, unsere althergebrachten Überzeugungen zu revidieren, die ursprüngliche Konditionierung durch ein neues Verständnis abzulösen und Verhaltensweisen zu ändern.

Vielleicht haben auch Sie schon zu lange oder sogar Ihr ganzes Leben lang immer nur funktioniert, sich angepasst und gelernt zu erdulden. Möglicherweise haben auch Sie sich mit Ihrer Opferrolle abgefunden und fühlen sich als wehrlose Zielscheibe für allerlei Gemeinheiten. Wenn das so ist, dann warten Sie besser nicht darauf, dass sich Ihre Probleme durch ein Wunder lösen. Nicht, dass ich nicht an Wunder glaube, aber ich bin mir sicher, dass das Leben uns solche Aufgaben gerade deshalb stellt, damit wir zu unserer eigenen Stärke finden und uns nicht von jedem dahergelaufenen Möchtegern demütigen und herumstoßen lassen. Deshalb lautet mein Lebensmotto:

Der Mensch, auf den ich warte, dass er mich erlöst,
bin ich selbst.

Wenn Sie sich mit diesem Gedanken anfreunden können, ist das schon ein großer Schritt in Richtung Erlösung, denn dann überlassen Sie Ihr Glück nicht dem Zufall, und schon gar nicht den Psychopathen. Wenn Sie verinnerlichen, dass Sie ein Recht auf ein gesundes und friedvolles Leben haben, dann werden Sie auch die Kraft finden, schmerzhafte Situationen zu durchbrechen und für die Aufrechterhaltung der eigenen Würde einzustehen.

Ich habe viele Klienten, die große seelische Schmerzen durch einen engen Kontakt mit solchen skrupellosen Menschen erlitten haben. Ihre verzweifelten Schilderungen erinnern mich oft an das Bild eines Schiffbrüchigen, der erschöpft auf hoher See treibt und von einem Hai umkreist sein grausames Ende erwartet.

Doch an dem Tag, an dem sie bereit sind, sich nicht mehr an ihrer Opferrolle festzuklammern, ändert sich alles. Es ist wirklich nie zu spät für einen Neubeginn, und es gibt viele unterschiedliche Wege, sich aus dieser ausweglos erscheinenden Situation zu befreien. Wer sich über den Wert seines Lebens und die Kostbarkeit seiner Gesundheit bewusst geworden ist, wird nicht mehr bereit sein, sich für die Machtbefriedigung kranker Menschen zur Verfügung zu stellen. Und er wird erfahren, dass er alles andere als ohnmächtig ist, wenn er sich nicht mehr als das hilflose Opfer sieht und die perfiden Regeln durchschaut hat, die diese Tyrannen anwenden.

Die richtige Taktik für den Erfolg

Um sich vor Psychopathen schützen zu können ist es wichtig, über ihre Verhaltensweisen, Gedankengänge und ihre Defizite Bescheid zu wissen. Wie wurden diese Menschen so, wie sie sind, welche charakteristischen Verhaltensmerkmale weisen sie auf? Wer das weiß, wer ihre Verhaltensweisen und Denkschemata kennt, kann passende Strategien wählen und sich schützen; er wird die Situation beherrschen und das Ruder sicher in der Hand halten können.

Zur Verdeutlichung der Muster und Handlungen dieser Menschen werde ich ehemalige Opfer zu Wort kommen lassen und von ihren Erlebnissen berichten. Sie haben sich, obwohl es schwer war, ihren Aufgaben gestellt und sind wieder zu selbstbewussten und lebensfrohen Menschen geworden. Mehr noch: Sie wurden natürlich auch sicherer und waren nicht mehr so leicht einzuschüchtern. Diese Beispiele sollen Hoffnung schenken und Mut machen, es ihnen gleichzutun. Zum Schutz ihrer Identität habe ich den Berichtenden andere Namen gegeben. Doch möchte ich betonen, dass Sinn und Zweck dieser Erfahrungsberichte nicht ist, über andere von oben herab ein Urteil zu fällen, sondern beispielhaft zu zeigen, welche Leidensgeschichten und welche Lösungsmöglichkeiten es gibt. Sicher werden Sie hier Ihrer eigenen Problematik auf die eine oder andere Weise immer wieder begegnen. Das wird Ihnen helfen und Zuversicht schenken, denn es zeigt, dass diese Angriffe nichts mit Ihrer Person zu tun haben, sondern einzig in der Struktur des Aggressors begründet sind. Es wird sich ebenfalls zeigen, dass dieser Menschentypus nicht nur in seinem Angriffsverhalten sehr berechenbar ist, sondern auch in seinen gut getarnten Defiziten und Ängsten. Diese Menschen, die anderen das

Leben so schwer machen, sind also gar nicht so einzigartig, unberechenbar, kreativ und spontan, sondern sie folgen sehr zuverlässig ihrer Veranlagung.

In diesem Buch habe ich es mir zur Aufgabe gemacht, vielerlei unterschiedliche Verhaltensweisen und Lösungsmöglichkeiten aufzuzeigen, um die Menschen, die andere verletzen, wirkungsvoll in die Schranken zu verweisen. Damit dies zuverlässig gelingen kann, erläutere ich in den ersten Kapiteln zunächst ausführlich die prägnanten Eigenschaften der Psychopathen sowie der Menschen mit der psychopathischen Struktur in ihrer extremen und ihrer abgemilderten Form und den vielen Zwischentönen. Wir dürfen aber nicht vergessen, dass nicht alle, die ihre Mitmenschen quälen, Psychopathen im psychiatrischen Sinne oder in der psychopathischen Charakterstruktur Verhaftete sind.

Ich kann und möchte mir in all den Beispielen und Erläuterungen deshalb keine Diagnose im medizinischen Sinne erlauben, sondern ich verwende die Bezeichnung „Psychopath" bzw. „psychopathische Charakterstruktur" ausschließlich umgangssprachlich als Überbegriff für jene Menschen, die ein starkes antisoziales Verhalten zeigen und diese typischen Merkmale ausleben, wenn manchmal auch nur in einer abgeschwächten Version. Diese ist aber immer noch stark genug, das Leben anderer zu vergiften und ihre Gesundheit zu gefährden.

Die zweite Seite der Medaille

Aber selbstverständlich möchte ich mich nicht darauf beschränken, nur über gefühlskalte Menschen, deren Wirken und geeignete Abwehrmechanismen zu sprechen. Die großen entscheidenden Fragen lauten auch: Warum bin gerade ich

solch einem Menschen begegnet? Was macht diese Begegnung mit mir? Warum bin ich so kampflos bereit, die Opferrolle anzunehmen und darin bis zum bitteren Ende auszuharren? Was kann ich aus der Situation lernen? Ich bin immer
wieder erstaunt darüber, dass die meisten Menschen über
Jahrzehnte hinweg die gleichen Verhaltensweisen an den Tag
legen. Obwohl sie sich eingestehen müssen, dass sie damit
nicht glücklich geworden sind, folgen sie unerschütterlich
dem eingeschlagenen Weg.

Wer aber bereit ist, diese Sackgasse zu verlassen und sich
den Herausforderungen zu stellen, der wird seine persönlichen Grenzen erweitern, sich neu definieren und sich von
destruktiven Einflüssen befreien. Vielleicht wird er das Gefühl haben, sich zum ersten Mal in seinem Leben zu wahrer
Stärke aufschwingen zu können. Grund zur Vorfreude gibt es
jedenfalls genug, denn noch jedem, der sich aus der Opferfalle
befreien konnte, sind wahrlich Flügel gewachsen.

Machen wir uns also an die Arbeit. Am Ende werden Sie
die Erkenntnisse, die Sie für sich gewonnen haben, wie eine
Landkarte benutzen können, die es Ihnen ermöglicht, einen
sicheren und erfolgreichen Weg aus dem Chaos von Macht,
Aggression und Manipulation zu finden. Empfehlen Sie ge-
trost den Psychopathen in Ihrem Umfeld schon jetzt im Stillen, sich warm anzuziehen. Doch nur mit einem Augenzwin-
kern, denn es geht ja nicht darum, in einen Kampf zu ziehen,
sondern darum, auf sich aufzupassen, Grenzen zu setzen, den
Alltag wieder lebenswert zu gestalten und große Entwick-
lungsschritte für sich selbst zu machen.

So ticken Psychopathen

Wann immer ich mit Opfern psychopathischer Angriffe spreche, kann ich deutlich spüren, wie ihre tiefe Verzweiflung nach und nach einer sichtbaren Erleichterung weicht.

Das liegt daran, dass es sehr befreiend ist, wenn sie plötzlich das markante und vorhersehbare Muster im Verhalten ihrer Angreifer entdecken, und diese ihre scheinbar unantastbare Überlegenheit verlieren.

Die nachfolgenden Erlebnisse von Betroffenen werden Ihnen deshalb sehr wertvolle Dienste erweisen, und es wird gewiss nicht lange dauern, bis Sie den roten Faden darin erkennen.

Kein Opfer ist mir zu groß, das andere für mich bringen

„Undankbarkeit ist schlimmer als Diebstahl."

Talmud

Menschen mit stark ausgeprägten psychopathischen Elementen haben die Vorstellung, dass es geradezu natürlich und richtig ist, dass andere für sie nicht nur ihr Bestes, sondern ganz selbstverständlich alles geben – und zwar ohne dafür Dankbarkeit oder eine nennenswerte Gegenleistung zu erhalten. Besonders gefährdet, Opfer solcher Leute zu werden, sind gutgläubige und vertrauensvolle Menschen, die sich leicht begeistern lassen und deshalb erst viel zu spät erkennen, dass sie lediglich zu ausbeuterischen Zwecken missbraucht wurden.

Dies musste Andrea schmerzlich erfahren. Sie arbeitete als Angestellte in einem kleinen, „familiären" Betrieb mit sechs Mitarbeiterinnen plus Chef in einer Kleinstadt. Ihre Kolleginnen und sie wurden nicht nur rücksichtslos ausgenutzt, sondern auch ihrer Würde beraubt. Gegen diese Machenschaften konnte sich Andrea nicht einmal ansatzweise zur Wehr setzen.

> „Als ich mich um diesen Arbeitsplatz bewarb, glaubte ich, in meinem zukünftigen Chef dem nettesten und liebenswürdigsten Menschen dieser Welt begegnet zu sein. Ja, das glaubte ich, aber das sollte sich schnell ändern.
>
> Schon am ersten Tag kam die Ernüchterung. Wenige Minuten vor Feierabend übergab er uns einen Stapel dringender Arbeiten, den er wohl

den ganzen Tag für uns angesammelt hatte. Und so kam es täglich. Wenn wir Glück hatten, mussten wir nur ein oder zwei Stunden länger bleiben. Oft genug war es aber auch 21 Uhr, bis wir das Büro verlassen durften. Doch selbst dann konnten wir nicht einfach gehen. Wir mussten zuvor einer nach dem anderen bei ihm vorsprechen und fragen: ‚Darf ich mich von Ihnen verabschieden, oder haben Sie noch eine Aufgabe für mich?‘ Alles andere sei egoistisch, erklärte er, da wir schließlich ein Team seien. Und in einem Team kann es nicht sein, dass einer noch arbeitet, während es sich die anderen zu Hause auf dem Sofa schon gemütlich machen. Dass die Überstunden nicht vergütet wurden, ist selbstredend. Nicht einmal ein kleines Dankeschön war ihm die Sache wert.

Aber das war noch lange nicht alles, was dieser Tyrann auf Lager hatte. Als ich beispielsweise zu meiner ersten Mittagspause aufbrechen wollte, wurde ich in sein Zimmer zitiert. Dort teilte er mir mit, dass er es nicht dulde, wenn wir Angestellten unsere freie Stunde in der Stadt verbringen. Das würde uns nur erschöpfen und unsere Arbeitskraft mindern. Außerdem sei es Usus, dass in seiner Firma alle zusammen das Mittagessen einnehmen, um gemeinsam zu entspannen und das Gruppengefühl zu festigen. Von meinen Kolleginnen erfuhr ich dann, was es damit auf sich hatte:

Er wollte jeden Tag ein warmes Essen, das wir in unserer Pause für ihn zubereiten mussten. Und da es ihm keine Freude bereitete, alleine zu speisen, mussten alle mitessen – ob es uns passte oder nicht. Der Speisezettel wurde von ihm diktiert, und die Zutaten mussten am Vortag von uns nach Feierabend eingekauft werden. Die Kosten wurden von allen getragen. Das muss man sich einmal vorstellen. Wir waren sechs erwachsene Frauen und wurden wie Kindergartenkinder behandelt. Aber es ging noch weiter: Wir mussten in unserer Freizeit auch seine privaten Einkäufe tätigen, Botengänge übernehmen, die Küche putzen, das Büro reinigen, Blumen gießen, Geschenke einpacken usw. Selbst am 23. Dezember teilte er uns um 19 Uhr noch mit, dass wir alle noch nicht nach Hause gehen könnten, da er noch Lichterketten und seinen Weihnachtsbaum besorgen müsse, den wir für ihn schmücken sollten. Schließlich habe auch er das Recht auf ein gemütliches Fest.

Nach sechs Monaten Bevormundung und Knechtschaft stand ich, ebenso wie meine Kolleginnen, kurz vor einem Nervenzusammenbruch und einer kaputten Beziehung. Ich schrieb Bewerbungen und erzählte das einem Geschäftspartner am Telefon. Dieses Gespräch hatte er belauscht. Am nächsten Morgen erhielt ich meine fristlose Kündigung mit den Worten: ‚Sie werden uns verlassen, weil Sie das goldene Paradies mit Füßen getreten haben.‘ Wie weit gehen doch die Vorstellungen von Himmel und Hölle auseinander."

Die fristlose Kündigung war genau betrachtet ein Segen, denn Andrea hatte damals keine Ahnung, wie sie sich aus dieser Situation befreien könnte. Im Nachhinein kann sie deutlich sehen, dass ihre Ängste und Ohnmachtsgefühle in dieser Dynamik eine wesentliche Rolle gespielt haben. Nie wieder möchte sie deshalb ihre Würde und Selbstachtung kranken und asozialen Menschen überlassen, und daran arbeitet sie erfolgreich. Lassen auch Sie sich nie davon überzeugen, dass Anpassung an ein krankes System Lebensqualität oder gesunde Dinge hervorbringen kann. Das Gegenteil ist der Fall.

Auch Johanna, Lehrerin an einer Privatschule, gehörte mit ihren Kollegen zu den Opfern eines Menschen mit maßlos übersteigerter Selbstverliebtheit. Der Unterricht mit den Kindern selbst hätte ihr sehr viel Freude bereitet, wäre da nicht ihre Rektorin gewesen, die sie bis zur Erschöpfung quälte.

> „Meine Rektorin ist eine alleinstehende Frau ohne Familie und Freundeskreis, weshalb sie ersatzweise von uns Lehrkräften ungeteilte Aufmerksamkeit einfordert. Sie nervt uns mit ständigen Telefonaten bis in den späten Abend hinein, oder überrascht uns mit unangemeldeten Hausbesuchen. Auch an Wochenenden und Feiertagen sind wir vor ihr nicht sicher.
>
> Nicht einmal im Krankheitsfall können wir uns vor ihren Belästigungen und Besuchen schützen. Selbst dann steht sie überraschend vor der Haustür und erkundigt sich nach dem Befinden. Anscheinend sind wir für sie einerseits ein Familienersatz und andererseits bestens dazu geeignet, an uns ihren krankhaften Größenwahn auszuleben."

Johanna entschied sich für die Flucht nach vorn. Sie verkaufte ihre Wohnung und wechselte die Schule, um einen endgültigen Zusammenbruch zu verhindern. Und siehe da: Seit der Kündigung verhielt sich die Rektorin hilfsbereit und zuvorkommend. Sie war schlau genug zu ahnen, dass ihre Zuwendung wohl doch nicht auf so fruchtbaren Boden gefallen war, wie sie es gerne gesehen hätte. Und auf keinen Fall wollte sie die Kündigung mit ihrer Person in Zusammenhang gebracht sehen. Schließlich reichte ihr schlechter Ruf schon weit über die Schule hinaus. Wie man hier gut sehen kann, hörte die Schikane in dem Moment auf, da sie um eigene Nachteile fürchten musste.

Das Beispiel, das ich zum Schluss dieses Kapitels noch nennen möchte, ist so extrem, dass es beinahe nicht glaubhaft klingt. Und auch bei dieser abstrusen Geschichte gilt wieder, dass niemand, der den Beschriebenen nur oberflächlich kennt, glauben könnte, dass sich hinter seiner unglaublich charmanten Fassade, seinen feinen Manieren und seinem perfekten Auftritt solch eine eisige Seelenkälte verbergen sollte.

Da mein Mann früher in der Versicherungsbranche tätig war, wurde ich von diesem Menschen hin und wieder in versicherungsrechtlichen Belangen um Rat gefragt. Eines Tages bat er mich um allergrößte Verschwiegenheit. Er besaß ein altes mehrstöckiges Mietshaus mit Gastronomiebetrieben im Stadtzentrum von Frankfurt. Da er einer jener Vermieter war, die einen maximalen Ertrag mit minimalen Investitionen wollen, war das Objekt schwer vernachlässigt. Deshalb dachte er in puncto Sanierung über eine kostenfreie Versicherungslösung nach. Genauer gesagt: eine Gasexplosion. Er fragte mich:

„Wenn man eine Gasexplosion so steuern könnte, dass das Eckhaus genau in der Mitte ausein-
anderbrechen würde, so wäre es nicht mehr zu
sanieren. Dann müsste doch die Versicherung
den Abriss und den Wiederaufbau komplett
übernehmen. Stimmt das so, Frau Mechler?"

Auf meine Einwände, dass dies einerseits Versicherungsbetrug im ganz großen Stil wäre und andererseits sehr auffällig
sei, wenn gerade zum Zeitpunkt der Explosion zufällig alle
Mieter der zehn Parteien des Hauses sowie alle Gäste und
Mitarbeiter der im Hause ansässigen Gastronomiebetriebe,
zusätzlich alle Menschen der umliegenden Häuser und ebenso alle Fußgänger und Autos auf der Straße evakuiert wären,
sah er mich ganz irritiert an und sagte:

„Jetzt enttäuschen Sie mich aber. Ich dachte immer, Sie wären so klug. Ich kann doch keinen
glaubhaften Versicherungsbetrug konstruieren
und gleichzeitig die Menschen informieren.
Denen wird schon nicht so viel passieren. Außerdem kann man auch im Straßenverkehr um-
kommen. Und schließlich entscheidet ja immer
noch Gott über Leben und Tod und nicht ich."

Bei diesem unglaublich abstoßenden, skrupellosen und kalt-
blütigen Plan fiel mir ein Zitat von Khalil Gibran aus seinem
Buch „Der Prophet" ein, es lautet: „Viele von euch sind noch
Mensch. Und viele von euch sind noch nicht Mensch."
Für diesen Mann steht nur sein eigenes Wohl im Vorder-
grund. Durch sein fehlendes Schuldbewusstsein und der ab-
soluten Unfähigkeit, sich in andere hineinzuversetzen und

sich von ihrem Leid berühren zu lassen, hat ihm der Gedanke, dass seine eigenen Mieter, deren Nachbarn und fremde Menschen und Kinder durch ihn zu Tode kommen, schwer verletzt und traumatisiert werden oder im besten Falle „nur" ihr Zuhause und ihren ganzen Besitz verlieren würden, keinerlei Probleme bereitet.

Die Abwesenheit jeder menschlichen Regung und jedes empathischen Empfindens offenbart eine deutliche Missachtung sämtlicher sozialer Normen, was ein vernunftgemäßes Handeln unmöglich macht. Der Kampf ums Überleben wird zum Wahn. Besonders grotesk ist in diesem Fall, dass dieser Mann vermögend ist und so viel besitzt, dass er eigentlich anderen viel davon abgeben könnte.

Manche Menschen lassen sich aber offensichtlich von ihrer unstillbaren Gier das Gehirn auffressen. Denn allein dadurch, dass er sich mir mitgeteilt hatte, war sein Plan doch schon vereitelt. Nun ja, glücklicherweise reicht Kaltblütigkeit allein nicht immer aus, um sich rücksichtslos auf Kosten anderer zu bereichern.

Lügen – eine Königsdisziplin

„Der größte Lügner ist derjenige, der sich selbst nicht widerspricht."

Horst A. Bruder

Lügen ist ein unerlässliches Handwerkszeug psychopathischer Menschen. Denn wer immer ein makelloses Bild von sich zeichnen will, muss die Realität, die keineswegs immerzu günstig für das Image und die Erfolgsbilanz ausfällt, ein wenig umarbeiten.

Dem zwingenden Bedürfnis zu lügen liegt wahrscheinlich die im Kindesalter erlebte schmerzhafte Erfahrung zugrunde, dass Mittelmäßigkeit nie die gewünschte Anerkennung bringen kann. Diese Einschätzung wird durch das Fehlen von Reue und Schuldgefühlen zusätzlich verstärkt. So erscheint es nur logisch und zielführend, dass die Wahrheit nicht ausreichend oder sogar nutzlos ist. Sie wird herabgestuft als Begrenzung für die Einfallslosen, Schwachen und Mittelmäßigen, und nur jene, die in jedem beliebigen Moment ihre Erzählungen den momentanen Anforderungen anpassen können, scheinen in ihren Augen klug zu sein. Diese Menschen verdrängen so, dass das Leben auch ihnen oft genug bedauernswerte Erfahrungen beschert, und erheben sich stattdessen lieber zum Schöpfer eines erschwindelten Lebens.

Sie berichten Erlebtes, aber auch Nicht-Erlebtes gerne spannend und interessant und wähnen sich in dem Glauben, dass sich die Menschen um sie herum durch ihre Aura von Abenteuer und Souveränität unwiderstehlich angezogen fühlen. Ihr pathologisches Lügen wird zum notwendigen Überlebensinstrument und häufig in vielerlei Abstufungen von verschlagen über hinterlistig bis hin zu skrupellos und betrügerisch eingesetzt.

Solange ein Mensch lügt, genießt er die Freiheit, einen großen Teil seines Lebens gegenüber anderen beschönigen zu können. Es beruhigt ihn, nicht dem Alltag oder dem Zufall hilflos ausgeliefert zu sein, er kann ja, wann immer er möchte, sich selbst unbegrenzt aufwerten und dadurch alle Eindrücke, die er von sich vermittelt, kontrollieren. Je nachdem, wie extrem diese Struktur ausgeprägt ist, kann sie wie im folgenden Beispiel seltsame Blüten treiben.

Ich werde nie ein Gespräch zwischen einem Bekannten mit psychopathischer Struktur und einer Frau vergessen, das ich als Zuhörer interessiert verfolgte. Sie diskutierten über den Zweiten Weltkrieg.

Wortreich und mit großen Gesten und lauter Stimme versuchte er, sie von den vielen „guten Seiten und Vorteilen" des Zweiten Weltkrieges zu überzeugen. Sie solle allein einmal über den Umstand nachdenken, welche Parkplatzprobleme wir heutzutage hätten, wenn all die Millionen Gefallenen Nachkommen gezeugt hätten, die jetzt ebenfalls ein eigenes Fahrzeug besitzen würden.

Als er während seiner großen Rede irgendwann durch ihre Blicke dessen gewahr wurde, dass er sich mit seinen Äußerungen um Kopf und Kragen geredet hatte und er sein gewünschtes Ziel, ihr zu imponieren, zu verfehlen drohte, schwenkte er plötzlich, ohne zwischendurch auch nur einmal Luft zu holen, um einhundertachtzig Grad um. Er beteuerte raffiniert, dass sie ihn vollkommen falsch verstanden habe, vielleicht deshalb, weil sie nicht aufmerksam zugehört habe. Denn auf gar keinen Fall wolle er die Grauen dieses Krieges verherrlichen. Im Gegenteil. Er selbst sei ja Opfer gewesen. Und er berichtete mit herzzerreißender Stimme und in sich zusammensinkend, wie er damals, überrascht von einem Fliegeralarm, als Kind im Alter von sechs Jahren voller Angst in einen Keller flüchtete. Er beschrieb sehr plastisch und glaubhaft die großen Ängste, die er dort unten während der Bombardierung durchlebte. Ganz allein, ohne den Schutz seiner Eltern, fühlte er sich dem Tod nahe. Und er hauchte mit fast tonloser Stimme, dass dieses Ereignis eine tiefe Traumatisierung in ihm hinterlassen habe.

Er war so berauscht von seinen eigenen schauspielerischen Fähigkeiten, dass er in diesem Augenblick wohl selbst ganz vergessen hatte, erst sieben Jahre nach Kriegsende geboren worden zu sein. Aber was soll's, der Moment gehörte ihm. Und er war sich ganz und gar sicher, dass nach solch einer imposanten Darbietung auch diese Skeptikerin überzeugt sein musste.

Was für solche Situationen typisch ist: Plötzlich geschieht mit vielen Beteiligten, die eine solche Geschichte hören, etwas ganz Seltsames. So mutig und couragiert sie auch sein mögen, selten finden sie die Kraft, in solch einem Moment zu widersprechen, da sie die entstehende Peinlichkeit nicht ertragen könnten. Sie schaffen es dann einfach nicht, den selbst ernannten König vom Thron zu stoßen und bloßzustellen. Damit bestätigt sich für diese Menschen wieder und wieder der falsche Eindruck: Ich bin und bleibe unschlagbar!

Wie gehen Sie mit solchen Situationen um? Ist es nicht auch für Sie das Schlimmste, nicht nur belogen, sondern auch für dumm verkauft zu werden und gute Miene zu einem Spiel machen zu sollen, das einfach nur peinlich ist? Irgendwie erwartet man doch wenigstens eine clevere, durchdachte und stringente Story. Aber gerade die fehlt ja meistens. Erstens ist das schon wieder zu viel Arbeit für den Schwindler, und zweitens ist er von seiner genialen geistigen Überlegenheit zu überzeugt, um sich noch Mühe mit lästigen Details zu geben.

Sollte in Ihnen das Bedürfnis wachsen, Ihrem Gegenüber in diesen Momenten die Maske vom Gesicht zu reißen und nicht mehr Statist in diesen selbstgefälligen und oftmals billigen Inszenierungen zu sein, dann sollten Sie sofort damit beginnen, Ihr Verhalten zu ändern. Niemand kann Sie zwingen, diese Spielchen mitzuspielen. Und mit den richtigen Informationen und Techniken im Umgang mit ihren haarsträubenden Lügen lassen sich diese Mitmenschen in Schach halten.

Strukturmerkmal Lüge

Es ist wirklich sehr wichtig, mit psychopathischen Lügen sicher umgehen zu können, denn es gibt immer wieder Situationen im Leben, wo diese Lügen zu einem großen Problem werden können. Der Psychologe und Wissenschaftler Andrej Łobaczewski bezieht sich auf die extreme, krankhafte Ausprägung dieses Phänomens und sagt sinngemäß, dass Psychopathen beispielsweise vor Gericht mit unschuldigem Gesicht extreme Lügen auf plausible Art erzählten, während ihre Gegner aufgrund ihrer gesunden emotionalen Veranlagung darauf beschränkt seien, nah an der Wahrheit zu bleiben. Psychopathen seien in der Lage, ohne schlechtes Gewissen zu lügen – ohne verräterischen Stress, der von Lügendetektoren gemessen werden kann – und könnten so immer das sagen, was gerade notwendig sei, um das zu bekommen, was sie wollen.

Aber auch auf der familiären Ebene ist das ein Problem. Genau aus diesem Grund kam Sabine in meine Praxis. Sie war mit den Nerven am Ende, weil sie keinen Rat mehr wusste, wie sie sich vor den peinlichen Lügen und den damit verbundenen Demütigungen ihrer Schwester schützen konnte. Wenn sie nur an sie dachte, erhöhte sich ihr Puls, und ihre Hände begannen zu zittern.

Sabine ist die jüngere von zwei Schwestern. Sie ist eine zarte und feinfühlige Frau, die nie gelernt hat, sich zu wehren oder für ihre Gefühle einzustehen. Auf der einen Seite war sie fest von ihrer Hilflosigkeit überzeugt, andererseits hatte sie nicht mehr die Kraft, sich weiterhin für die Spielchen ihrer älteren Schwester herzugeben. Sie klagte, dass sie es einfach nicht fertigbringe, ihr zu sagen, dass sie durchaus die Wahrheit hinter ihren Darbietungen sehe. Ebenso wenig bringe sie es aber fertig, nur noch einen einzigen Tag länger dieses Theater mitzuspielen und sich wieder und wieder abkanzeln zu lassen. Sie fühlte sich in dieser Zwangslage gefangen.

Das unmittelbar vorangegangene Erlebnis mit der Schwester brachte das Fass schließlich zum Überlaufen. Sie lauerte Sabine dieses Mal mit einer neuen Variante auf:

> „Im Gegensatz zu dir kann ich mich durchsetzen und ich werde meinen Geburtstag ohne die Familie feiern. Ich habe endlich einmal die Leute eingeladen, die zu mir passen. Und genau das habe ich jedem Einzelnen der Familie ins Gesicht gesagt, was du dich natürlich nie trauen würdest. Dazu bist du viel zu schwach und viel zu angepasst! Wie schade, dass du nicht sehen konntest, wie sie mich insgeheim bewundert haben."

Dass ihre Schwester aufgrund ihres arroganten und herablassenden Verhaltens gar keine Freunde hat, schien sie in diesem Moment ganz ausgeblendet zu haben. Doch der Geburtstag kam und mit ihm wie immer die ganze Familie – die sich herzlich für die nette Einladung bedankte. Doch ohne irgendeine Peinlichkeit zu verspüren, flüsterte die Schwester Sabine ins Ohr:

> „Dies ist ein erneuter Beweis dafür, wie unverschämt und rücksichtslos die Familie meine Entscheidungen missachtet, wenn es etwas umsonst gibt."

Sie wusste sicher von Anfang an, dass ihr lächerliches Theater auffliegen würde. Das machte ihr jedoch nichts aus, denn sie konnte ja blitzschnell mit einer neuen Lüge aufwarten. Was hatte sie dadurch erreicht? Es verschaffte ihr ein befriedigendes Gefühl von Überlegenheit und wieder einmal die Gewissheit, dass sie mit ihrer kleineren Schwester umspringen konnte, wie sie wollte.

Diese Geschichte beweist auch ganz vortrefflich, dass ein Psychopath vollkommen schmerzfrei lügt. Selbst wenn er zehn Mal hintereinander auffliegt, das elfte Mal lässt nicht lange auf sich warten. Das geht so lange, bis man ihm die Maske vom Gesicht reißt.

Sabine schaffte es mit viel Übung, sich immer besser zu wehren. Sie ließ ihre Schwester konsequent bei jeder kleinen Lüge auflaufen und benannte ganz konkret deren Defizite. Ihre Schwester erinnert mich ein wenig an das folgende Gedicht von Erich Kästner, das sich humorvoll mit eben diesem Thema beschäftigt.

Die Sache mit den Klößen

Der Peter war ein Renommist.
Ihr wisst vielleicht nicht, was das ist.
Ein Renommist, das ist ein Mann,
der viel verspricht und wenig kann.

Wer fragte: „Wie weit springst du, Peter?"
bekam zur Antwort: „Sieben Meter."
In Wirklichkeit, Kurt hat's gesehen,
sprang Peter bloß drei Meter zehn.

So war es immer: Peter log,
dass sich der stärkste Balken bog.
Und was das Schlimmste daran war,
er glaubte seine Lügen gar!

Als man einmal vom Essen sprach,
da dachte Peter lange nach.
Dann sagte er mit stiller Größe:
„Ich esse manchmal dreißig Klöße."

Die andern Kinder lachten sehr,
doch Peter sprach: „Wenn nicht noch mehr!"
„Nun gut", rief Kurt, „wir wollen wetten."
(Wenn sie das bloß gelassen hätten.)

Der Preis bestand, besprachen sie,
in einer Taschenbatterie.
Die Köchin von Kurts Eltern kochte
die Klöße, wenn sie's auch nicht mochte.

Kurts Eltern waren ausgegangen.
So wurde schließlich angefangen.
Vom ersten bis zum fünften Kloß,
da war noch nichts Besondres los.

Die andern Kinder saßen stumm
um Peter und die Klöße rum.
Beim siebenten und achten Stück
bemerkte Kurt: „Er wird schon dick."

Beim zehnten Kloß ward Peter weiß
und dachte: Kurt erhält den Preis.
Ihm war ganz schlecht, doch tat er heiter
und aß, als ob's ihm schmeckte, weiter.

Er schob die Klöße in den Mund
und wurde langsam kugelrund.
Der Anzug wurde furchtbar knapp.
Die Knöpfe sprangen alle ab.

Die Augen quollen aus dem Kopf.
Doch griff er tapfer in den Topf.
Nach fünfzehn Klößen endlich sank
er stöhnend von der Küchenbank.

Die Köchin Hildegard erschrak,
als er so still am Boden lag.
Dann fing er grässlich an zu husten,
dass sie den Doktor holen mussten.

„Um Gottes Willen", rief er aus,
„der Junge muss ins Krankenhaus."

Vier Klöße steckten noch im Schlund.
Das war natürlich ungesund.

Mit Schmerzen und für teures Geld
ward Peter wieder hergestellt.
Das Renommieren hat zuzeiten
auch seine großen Schattenseiten.

Es scheint, als konnte Erich Kästner auch ein Liedchen über diesen Menschenschlag singen. Und über das Phänomen, dass sie ihre Lügen am Ende auch selbst glauben. Das liegt wohl daran, dass das menschliche Gehirn in der Lage ist, Eindrücke neu einzuordnen und zu bewerten. Mir haben schon mehrere Klienten berichtet, dass sie sich als Kinder Fantasiewelten oder Identitäten erschaffen und nach einiger Zeit selbst nicht mehr gewusst hatten, was nun Traum oder Wirklichkeit war. Ihr Gehirn hatte die Fantasiebilder ebenso wie die realen aufgenommen und abgelegt.

Diesen Umstand sollte man bei der Beurteilung von Psychopathen berücksichtigen. Ihnen ist beim Lügen also nicht immer bewusst, dass sie die Unwahrheit sagen. Unter Umständen fühlen sie sich hundertprozentig im Recht und empfinden ein Bezweifeln des Gesagten als tiefe Verletzung.

Aber nicht nur um der Beschönigung willen wird gerne gemogelt, sondern auch, um sich der Verantwortung zu entziehen. Wir alle treffen Entscheidungen, die nicht immer auf Zuspruch stoßen. Dann müssen wir uns dafür erklären und die Verantwortung übernehmen. Doch gerade das weckt bei Menschen mit psychopathischer Struktur zutiefst unangenehme Gefühle, die sie mit allen Mitteln vermeiden möchten. Sich rechtfertigen oder Versäumnisse eingestehen, Fehler zugeben; all das lässt dieses alte Kindheitsgefühl der Ohnmacht wieder lebendig werden. Das darf nicht sein. Deshalb wird auch bei relativ unbedeutenden Anlässen fabuliert.

So ärgerte sich etwa Annette regelmäßig über ihren Ehemann, weil er ihr auch bei vollkommen unwichtigen Dingen gerne einen Bären aufband. Zum Beispiel rief er sie von unterwegs aus dem Auto an und sagte:

> „Ich werde es leider nicht schaffen, pünktlich zum Essen zu kommen. Ich bin noch auf der Autobahn ca. 100 km entfernt und stehe im Stau. Nichts geht mehr. Wahrscheinlich war weiter vorn ein Unfall. Es kamen schon zwei Mal Polizei und ein Rettungswagen vorbei."

Doch dann stand er fünfzehn Minuten später plötzlich in der Tür. Seine aufregende Unfallgeschichte hatte er schon längst wieder vergessen. Wahrscheinlich wollte er lediglich vor der Haustür noch ein Telefonat erledigen und hatte sich dafür diese Geschichte ausgedacht. Dass er mit solchen Erfindungen das Vertrauen seiner Frau gnadenlos verspielt hat, ist ihm bis zum heutigen Tage nicht bewusst. Sein üblicher Kommentar ist dann gewöhnlich: „Man wird doch wohl noch ein bisschen Spaß machen dürfen." Oder: „Leg doch nicht jedes Wort von mir gleich auf die Goldwaage."

Psychopathen haben nie das Gefühl, ein falsches Spiel zu spielen, und das Lügen ist bei diesen Menschen schon so zur Gewohnheit geworden, dass sie auch nicht mehr darüber nachdenken, ob es ihnen am Ende überhaupt eine Erleichterung oder im Gegenteil sogar Peinlichkeiten verschafft.

Aber wehe, sie selbst werden einmal belogen. Dann ist Schluss mit lustig. Das gilt dann als unverzeihliches und ehrabschneidendes Verhalten, das ihre Würde verletzt, was in keiner Weise toleriert werden kann. Sie fühlen sich dann meist berufen, mit unnachgiebiger Härte gegen andere vorzugehen. In diesen Momenten fühlen sie sich aus tiefstem Inneren der Wahrheit verpflichtet. Sie sind Wahrheitsliebende, oder sogar die Steigerung davon – Wahrheitsfanatiker, wie ich manche sich schon selbst nennen hörte.

Diskussion mit Psychopathen

> *„Ein echter Rechthaber hält selbst die Meinung seines Echos für unhaltbar."*
>
> Karl Feldkamp

Bestimmt haben Sie es schon selbst erlebt: Mit solchen Menschen diskutieren zu wollen ist aussichtslos. Sie haben einfach immer recht. Bis auf die Vorhersage der Lottozahlen sind sie so ziemlich unschlagbar. Wenn sie jedoch merken, dass ihre Argumente von ihren Gesprächspartnern nicht vorbehaltlos angenommen werden, holen sie sich gerne etwas Unterstützung mit Verallgemeinerungen. Da heißt es dann vielleicht: „Jeder intelligente Mensch weiß doch, dass ..."

Übersetzt bedeutet das, dass jeder, der an seiner eigenen Meinung festhalten möchte, nicht mehr als intelligent angesehen werden kann. Eine klare Herabstufung der Persönlichkeit des Gegenübers. Vielleicht sagen sie auch: „Aber namhafte Wissenschaftler haben festgestellt, dass ..."

Wenn man nachfragt, welche Wissenschaftler das denn waren bzw. an welcher Universität diese bahnbrechenden Erkenntnisse gewonnen wurden, wird man bis auf ein unverständliches Gemurmel keine Antwort bekommen. Aber es hört sich erst einmal kompetent an.

Eine andere beliebte Strategie ist die Behauptung, Wissen direkt aus erster Hand zu besitzen. Ich persönlich kannte mal jemanden, der jedwede Argumentation wasserdicht untermauern konnte. Ging es um Rechtsfragen, hatte er kurze Zeit zuvor das passende Urteil dazu gelesen, das seine Meinung untermauerte, oder er hatte zufällig bei einer Einladung mit einem Richter persönlich darüber gesprochen. Drehte sich das Gespräch um Kernkraft, kannte er mindestens den Leiter eines Kernforschungszentrums, weshalb er folglich mit fachlichem Hintergrundwissen brillieren konnte. Er zauberte Professoren, Politiker und weiß Gott wen alles aus dem Hut, eben zu jeder Gelegenheit den passenden Kandidaten.

Mit diesen K.-o.-Taktiken zerstörte er jeden noch so kleinen Ansatz eines fruchtbaren Gespräches. Aber Psychopathen geht es auch gar nicht um echten und lehrreichen Meinungsaustausch, sondern um die Möglichkeit, sich zu profilieren. Deshalb kann es auch sehr schnell passieren, dass sie wütend und aggressiv agieren, wenn ihnen der gewünschte Zuspruch verwehrt wird, da sie eine eigene Meinung als Ablehnung ihrer Person werten.

Mangelnde Einsichtsfähigkeit

Anna berichtete von ihrem Vater, der davon überzeugt war, der einzig intelligente Mensch in der Familie und in seinem gesamten Umfeld zu sein. Deshalb nahm er automatisch für sich in Anspruch, immer recht zu haben. Und dabei war ihm nichts zu peinlich. Als Anna und ihre Geschwister noch Schüler waren, wollte er in unbefriedigenden Momenten, in denen er sich nicht durchsetzen konnte, des Öfteren ihre Hausaufgaben kontrollieren. Er suchte angestrengt nach angeblichen Rechtschreibfehlern, um sich wieder Oberwasser zu verschaffen. Da er aber orthografisch keine Leuchte war, war der nächste Streit schon vorprogrammiert. Wenn die Kinder dann in der Not den Duden zu Hilfe nahmen, konnten auch diese Wahrheiten ihn keineswegs überzeugen. Er sagte dann nur nonchalant: „Dort arbeiten auch nur Idioten."

Dieses Totschlag-Argument erinnert mich an eine wunderbare Szene aus der Fernsehserie *Ein Herz und eine Seele*, wo der Bilderbuch-Psychopath Alfred Tetzlaff zu seinem Schwiegersohn sinngemäß sagt: „Wenn dir nicht gefällt, was ich sage, dann gefallen dir die Tatsachen nicht."

Ja, dieser Spruch ist einfach nicht mehr zu toppen und passt zu einem Erlebnis von Ursula. Sie ist eine verantwortungsvolle und zuverlässige Sekretärin, die ihre Arbeit sehr ernst nimmt und ihre Aufgaben stets fehlerfrei und gewissenhaft verrichtet. Doch ihr Chef sieht sie, wie alle Menschen um sich herum, natürlich nur durch seine eigene Brille, die lediglich Chaos und konfuses Denken widerspiegelt.

Einmal musste sie einen Antrag für einen Mitarbeiter der Firma ausfüllen. Dabei machte er ihr Vorwürfe, dass sie nach so vielen Jahren noch immer nicht in der Lage sei, dessen Namen richtig zu schreiben. Alle ihre Beteuerungen und Erklärungen zur Richtigkeit ihrer Schreibweise liefen erwartungsgemäß ins Leere. In ihrer Verzweiflung holte sie eine Ausweiskopie aus den Akten, die ihr recht gab. Die Reaktion ihres Chefs war ebenso kurz wie einfach:

> „Auf unseren Ämtern gibt es auch nur noch Personalschrott, der zu blöd ist, einen Namen richtig zu schreiben. Aber dass Herr M. es selbst noch nicht bemerkt hat, ist am bedauerlichsten ..."

Wenigstens bereitete es ihr großes Vergnügen, den Kollegen am nächsten Tag darauf hinzuweisen, dass er eigentlich ganz anders heiße, es ihm aber bislang wohl entgangen sei ... Solch eine kleine Genugtuung kann manchen angestauten Ärger wieder heilsam verpuffen lassen.

Ein weiteres Merkmal im Argumentationsverhalten der Psychopathen ist, dass das Behauptete in keiner Weise für längere Zeit Gültigkeit besitzen muss. Was heute verteidigt wird, kann schon morgen vehement verleugnet werden, je nach Laune. Das hängt mit ihrem widersprüchlichen und oft planlosen Verhalten und ihrer verzerrten Wahrnehmung im Allgemeinen zusammen. Deshalb empfinden sie auch gegensätzliche Äußerungen nicht als solche. Sie gehen eher davon aus, dass der Zuhörer das Gesagte nicht im richtigen Kontext erfassen kann.

Das Schöne an der Sache ist: Wenn man nicht mehr darauf aus ist, etwas richtigzustellen oder den Besserwisser von etwas überzeugen zu wollen bzw. von ihm verstanden zu werden, kann man sich über seine Kreativität und Spontaneität sogar amüsieren. Probieren Sie es einfach einmal aus und Sie werden schnell die Argumentationsmuster, Wortfallen und Denkstrukturen, die dahinterstecken, erkennen.

Wenn am Ende eines solchen Gesprächs Ihr Gegenüber dann glaubt, gute Überzeugungsarbeit geleistet zu haben, können Sie Folgendes anmerken:

> „Ich respektiere Ihre Meinung. Doch für mich kommt sie leider nicht infrage. Wir sind doch sehr verschieden. Aber vielen Dank für Ihre Erläuterungen."

Oder:

> „Ich habe Ihnen aufmerksam zugehört. Ihre Meinung kann ich jedoch ganz und gar nicht teilen. Deshalb ist es sicherlich für niemanden von uns von Vorteil, wenn wir diese Unterhaltung weiterführen."

Ehrgefühl mit Widersprüchen

„Die letzte Ehre ist die einzige Ehre, die manchen Menschen zuteilwird."

Waltraud Puzicha

Menschen mit psychopathischen Strukturen fühlen sich von einem großen Ehrgefühl durchdrungen. Diesem Glauben kann auch ihr höchst widersprüchliches Verhalten nichts anhaben.

Wer andere verletzt, schlecht über sie spricht, sie belügt oder betrügt, weiß normalerweise sehr genau, dass dieses Verhalten nicht ehrenhaft ist. Bei diesen skrupellosen Menschen jedoch ist das anders. Sie betrachten sich immer als integer, auch dann, wenn sie allen sozialen Konventionen zuwiderhandeln.

Ein sehr eindrucksvolles Beispiel zu diesem Thema wurde mir von Isabelle zugetragen. Sie ist eine durch und durch ehrliche, hilfsbereite und sehr sozial engagierte Frau. Umso mehr hat sie mit dem asozialen Verhalten ihres Schwagers zu kämpfen, der ein richtiger Schurke ist, sich jedoch bei jeder Gelegenheit mit seinem angeblich ehrenvollen und vorbildlichen Verhalten brüstet.

Er ist von Beruf Autoverkäufer. Bei jedem Gebrauchtfahrzeug, das er anbietet, lässt er den Tacho zurückdrehen. Und dies nennt er aber nicht eine Straftat oder so etwas in der Richtung. Nein, weit gefehlt. Er selbst sagt dazu:

„Schönheitsreparaturen, die erlaubt sind, da die Kunden sich mehr freuen, wenn sie von einem neuwertigeren Fahrzeug ausgehen. So schenke ich ihnen noch mehr Lebensqualität."

Erschreckenderweise gelingt ihm diese Täuschung oft. Die Geprellten haben durch seine verbindliche und vertrauensvolle Behandlung das Gefühl, ein Schnäppchen gemacht zu haben, und ahnen nicht, dass sie übers Ohr gehauen wurden.

Doch – nun kommt wie immer der feine Unterschied: Fühlen Psychopathen sich selbst übergangen, dann sind sie schwer gekränkt, in ihrer Ehre verletzt und sind auf Vergeltung aus. So ging Isabelles Schwager eines Tages einem ebenso unseriösen Verkäufer auf den Leim und erwarb so ein „liebevoll verjüngtes" Fahrzeug. Aber anstatt sich nun nach seinen eigenen Worten über die schöne Gelegenheit zu freuen, wie er es sonst seinen Kunden zumutet, hetzte er wie ein Tiger im Käfig hin und her und schrie wie besessen: „Betrug! Betrug! Das ist Betrug!"

Und er ließ den Verkäufer zwischen einer Strafanzeige oder der Überweisung eines angemessenen Schadenersatzes – oder besser gesagt: eines Schweigegeldes – von mehreren Tausend Euro auf sein Privatkonto wählen. Eine haarsträubende Doppelmoral? – Nein, wieso denn? Er betonte völlig überzeugt:

> „Ich bin ein Ehrenmann und setze mich dafür ein, dass solchen Kriminellen das Handwerk gelegt wird."

Ja, der andere war für ihn ein kleiner mieser Krimineller, der für sein Tun hart bestraft werden sollte. Aber wäre das nicht der Punkt, an dem er eine Verbindung zu seinen eigenen illegalen Praktiken ziehen müsste? Nein, das tat er nicht und wird es auch niemals tun. Er sieht sich weiterhin als Ehrenmann, der stets vorbildlich handelt und nie und nimmer mit einer Straftat in Berührung gebracht werden darf. Solche

Beschuldigungen sind für ihn niederträchtig und aus Neid geboren. Es kommt bei allen Handlungen ausschließlich auf die Motive an, und die seinen sind immer rein.

So betrachtet, gehen die Psychopathen wesentlich einfacher durch das Leben als andere. Wer sich nicht kritisch selbst reflektieren kann, sieht auch keinen Mangel und fühlt sich demnach auch nicht berufen, etwas an sich zu verändern. Diese Verpflichtung überlassen sie gerne ihren Mitmenschen.

Aber die Geschichte mit dem Autokauf ging noch weiter. Der Verkäufer zahlte nach langem Hin und Her das erpresste Schweigegeld. Aber danach drohte auch er wiederum Isabelles Schwager mit einer Strafanzeige, falls dieser das Fahrzeug mit zurückgedrehtem Tacho und gefälschtem Scheckheft weiterverkaufen würde. So wurde aus dem angeblichen Schnäppchen am Ende ein unverkäuflicher Ladenhüter. Tja, nicht immer kommen solche Gauner mit ihren Machenschaften durch, besonders dann nicht, wenn zwei von dieser Sorte aufeinanderstoßen.

Kein Platz für Gerechtigkeit

> *„Mit einem Dieb kann man keine Kompromisse machen, es sei denn, du willst etwas von dir hergeben."*
>
> Asiatische Weisheit

Nach all dem bisher Erläuterten ist klar, dass man im Umgang oder im Zusammenleben mit solchen Menschen jegliche Erwartung auf Gerechtigkeit aufgeben muss. Keine Gerechtigkeit erwarten heißt aber nicht, sich als Opfer anzubieten, sondern es heißt lediglich, mögliche Ungerechtigkeiten einzukalkulieren und im Idealfall mit überlegten Reaktionen zu kontern. Hier noch zwei Beispiele von falsch verstandener Gerechtigkeit:

Andreas' Vater brüstete sich damit, für eine Gerichtsverhandlung jemanden bestochen zu haben, der nun als Zeuge für ihn aussagen sollte – und unter völliger Umgehung seines Verstandes verkündete er:

> „Die Richter dieser Kammer sind einfach zu senil, um die Zusammenhänge zu erkennen. Deshalb muss ich den Sachverhalt so aufbereiten, dass auch sie ihn geistig erfassen können. Mein falscher Zeuge ist in diesem Fall also keine Straftat, sondern im Gegenteil eine notwendige und durchaus legitime Unterstützung, damit am Ende überhaupt ein rechtmäßiges Urteil gesprochen werden kann."

Rechtmäßig heißt natürlich zu seinen Gunsten. Wie könnte auch jemand anderes auf den Gedanken kommen, recht haben zu wollen.

Christoph, ein Gymnasiast der Oberstufe, rief mich eines Tages völlig aufgebracht an und bat mich um Hilfe. Er war unglaublich über seine Geschichtslehrerin empört und erbost. Auch sie gehört zu der Gruppe Menschen, die immer alles besser wissen, nur das tun, was sie wollen, und ihre Machtstellung gegenüber Wehrlosen ausnutzen. Er zählte nicht zu ihren Lieblingen, was sie ihn bei vielen Gelegenheiten spüren ließ. Als am Schuljahresende die Zeugnisnoten durchgesprochen wurden, sagte sie also zu ihm:

> „Du hast ja im Mündlichen lauter Zweier. Das
> ist für dich doch viel zu gut. Da muss ich dich
> jetzt sicherheitshalber noch einmal abhören.“

Dass sie selbst zuvor die Noten vergeben hatte, weil er entsprechend gute Leistungen erbracht hatte, störte sie nicht im Geringsten. Sie quälte ihn dann mit allen möglichen Detailfragen, deren Antworten auch kein anderer Mitschüler wusste, durch den gesamten Schuljahresstoff und gab ihm dann eine „verdiente“ Vier.

Aber Christoph ließ sich das nicht gefallen. Auf meinen Rat hin sagte er ihr einige Tage später ganz gefasst, dass er eine Klärung der Noten durch das Oberschulamt anstrebe, da auch Lehrer in der Pflicht stehen, auf Verlangen jede einzelne Note begründen zu müssen, und sie nicht nach Lust und Laune verändern dürfen. Natürlich kam es so weit nicht. Seine Lehrerin wollte sich großzügig zeigen, wie sie sagte, und beließ es bei der Zwei.

In einem späteren Kapitel werden Ihnen viele Handlungs-
optionen gezeigt, mit denen man einen Psychopathen ein-
bremsen oder sogar verstummen lassen kann. Aber auch dadurch wird er nichts über Gerechtigkeit lernen, sondern lediglich etwas über seine persönlichen Grenzen und notwendige
Anpassungsleistungen. Das ist das Höchste, was man bei ihm
erreichen kann.

Vergessen Sie deshalb im Umgang mit solchen Menschen
alle Erwartungen an Gerechtigkeit und akzeptieren Sie deren
begrenzte Wahrnehmungsmöglichkeiten. Verwenden Sie Ihre
Energie lieber darauf, angemessen damit umzugehen.

Maßlose Selbstüberschätzung

*„Am ärgsten fällt der Größenwahn
die kleinsten Kreaturen an."*
Deutsches Sprichwort

Krasse Selbstüberschätzung ist typisch für Psychopathen. Auch hier gilt: Nach oben gibt es keine Grenzen. Vor vielen Jahren habe ich mit einem ehemaligen Kollegen – ich werde ihn Herrn Schmidt nennen – etwas erlebt, das dazu passt. Es gehört in die Kategorie „Nicht mehr zu toppen".

Eines Morgens betrat er strahlend mein Zimmer und fragte mich unvermittelt: „Wie schätzen Sie eigentlich meine Lebenserwartung ein?" Als ich ihm völlig verblüfft mitteilte, dass ich dies nicht wisse, sah er mich von oben herab mit einer Miene absoluter Überlegenheit an und teilte mir in einem gnadenlosen Rausch von Realitätsverlust mit:

> „Wenn ich es möchte, kann ich sogar Unsterblichkeit erlangen. Aber schließlich müssten doch gerade Sie mit Ihren spirituellen Kenntnissen wissen, dass der Geist die Materie formt. Und unzweifelhaft verfüge ich über solch eine unbändige Willenskraft, dass mein Körper mir gehorchen muss."

Genau diese Überzeugung traf den Nagel auf den Kopf. Alle und alles musste ihm gehorchen, selbst den Tod glaubte er für einen Moment lang noch überlisten zu können. Zufällig weiß ich, was ihn zu seiner Überzeugung wohl inspiriert hatte, denn am Vortag lag auf seinem Schreibtisch ein Artikel über einen Yogi, der durch spirituelle Übungen weit über einhundert Jahre alt geworden war und noch verblüffend jung aussah. Wahrscheinlich dachte Herr Schmidt: „Wenn der das kann, kann ich es schon lange und viel besser." Und das unwichtige Detail, dass menschliche Willenskraft nicht mit göttlichem Geist gleichzusetzen ist, konnte ihn allenfalls langweilen. Doch wie jeder bestätigen kann, hatte die Realität ihn eingeholt und eines Besseren belehrt, was sein Spiegel ihm täglich unbarmherzig vor Augen führt.

Eine andere Begebenheit mit ihm erlebte ich auf einer Geburtstagsfeier einer Kollegin. Jedes Jahr erschien er dort ohne Einladung, um die nette Gesellschaft für ein paar Stunden als seine Bühne zu benutzen. Er war bekannt dafür, kein glückliches Händchen mit seinen Mitmenschen zu haben und überall für Verwirrung und Chaos zu sorgen. Freundschaften bestanden bei ihm nur so lange, bis die neuen Freunde erkannten, dass sie ausgenutzt wurden. Alle Anwesenden wussten das nur zu gut. Dennoch sprach er beim Abendessen plötzlich und vollkommen zusammenhangslos:

> „Ich wage zu behaupten, dass ich in meinem ganzen Leben noch nie einen Fehler gemacht habe. Dies kann hier sicherlich niemand für sich in Anspruch nehmen."

Nein, das konnte wirklich niemand. Doch an so viel Ignoranz und Dummheit kann man nur noch verzweifeln. Diese maßlose Selbstüberschätzung ist einem zutiefst gestörten Verhältnis der eigenen Selbstwahrnehmung und einer großen Portion Realitätsverlust zuzuschreiben. Und dem großen Bedürfnis, sich von anderen abzuheben und Bewunderung zu erheischen.

Doch fragen sich die psychopathischen Menschen nie, wann die Grenze zur Peinlichkeit erreicht ist. Genauso wenig interessiert es sie, wer eigentlich andauernd jemanden in seiner Nähe haben möchte, der immer besser, klüger, intelligenter und vor allem mächtiger ist als man selbst.

Wir wünschen uns doch Mitmenschen, die uns verstehen, die Gleiches erlebt haben und denen wir uns anvertrauen dürfen. Und nicht Menschen, für die wir nichts weiter sind als Beute.

Jeder von uns Menschen hat positive wie negative Eigenschaften. Wir bemühen uns zwar, all jene Merkmale, die wir mögen, wie Liebe, Güte, Gelassenheit usw., kurzum alles, was uns guttut, ehrt oder Erfolg versprechend erscheint, zu kultivieren. Doch ist es leider nicht möglich, die anderen Eigenschaften gänzlich zu verdrängen.

Es ist nur eine Frage der persönlichen Beherrschung, wann unerwünschte Anteile wie Neid, Wut, Rachsucht etc. in uns aufsteigen.

Aber Menschen mit einer ausgeprägten psychopathischen Struktur entwickeln wirkungsvolle Mechanismen, die sicher und zuverlässig alles Unerwünschte in ihnen vor sich selbst ausblenden. Es ist zuweilen grotesk mitanzusehen, dass solche Menschen, wo immer sie sind, Leid erzeugen und sie sich dennoch selbst als Menschenfreund und Vorbild verstehen. Sie glauben an das, was sie tun und sagen, sind davon beeindruckt und lassen sich von ihren eigenen Worten überzeugen. Ihre Maske ist nicht nur anderen gegenüber stabil, sondern vor allem sich selbst gegenüber, auch wenn es nur noch lächerlich ist. Wer das verstanden hat, wird künftig vor ihren selbstverliebten Auftritten keinen Respekt mehr haben.

Deshalb hier ein letztes Beispiel zum Thema Selbstüberschätzung:

Ein älterer und bereits gebrechlicher Mann mit 73 Jahren, Alkoholiker und an Depressionen erkrankt, eröffnete kürzlich seiner über zwanzig Jahre jüngeren und gutaussehenden Freundin in einem gnadenlosen Anflug von Realitätsverlust, dass sie eigentlich nicht die Richtige für ihn sei, da er jederzeit wesentlich jüngere Frauen bekommen könne. Aber das war noch nicht alles. Er versicherte ihr ernsthaft, dass allen Frauen vor lauter Entzücken das Besteck aus den Händen falle, wenn er ein Restaurant betrete, und sich alle Nachbarn täglich angeregt über ihn unterhielten und sich fragten, wie man es im Leben nur so weit bringen könne. Dass es in Wirklichkeit wahrscheinlich gerade umgekehrt war und er von seiner jüngeren und attraktiveren Partnerin profitierte, zog er wohl nie in Erwägung. Dieser Auftritt jedoch war des Schlechten zu viel, und sie verließ ihn, nachdem sie zuletzt nur noch bei ihm geblieben war, weil sie es nicht fertiggebracht hatte, ihn sich selbst zu überlassen.

Während meiner Arbeit habe ich mehrere unliebsame Erfahrungen mit psychopathischen Ehepartnern meiner Klienten gemacht. Sie forderten mich auf, mich aus ihrem Familienleben herauszuhalten und die Heilarbeit abzubrechen. Schließlich sei ich schuld daran, dass zu Hause nichts mehr so sei wie früher. Ja klar, wie schrecklich muss ein Mann sich fühlen, wenn er seine Frau nicht mehr verprügeln darf? Oder ich denke an eine Ehefrau, die sehr verärgert war und sich bei mir beklagte, dass ihr Mann jetzt keine Angst mehr vor ihr habe. Sie sagte, dass sie es nicht einsehe, dass es ihm mit jedem Tag besser gehe und ihr nicht. Es war auch ihre feste Überzeugung, dass es meine Pflicht gewesen wäre, mich vor Beginn der Behandlung zunächst mit ihr zu besprechen, ob sie mit der Therapie einverstanden sei. Schließlich betreffe diese ja auch indirekt ihre Person.

Für diese Menschen sind ihre Lebensgefährten nichts anderes als ein Besitz, über den nur sie allein verfügen dürfen. Und dies sprechen sie unter Umständen, wie in diesem Fall, auch ganz selbstbewusst und unverblümt aus.

Die Gefühlswelt der Psychopathen

„Wenn Gefühle wie Kräuter am Wegesrand wachsen würden, gäbe es immer noch die Ignoranten, die darauf herumtrampeln würden, anstatt sie zu pflücken."

Ursula Schachschneider

Psychopathen geben sich sehr gerne offen und gesellig. Doch das ist nur eine Fassade, unter der sie ihre Unfähigkeit, tiefe Emotionen wie Liebe, Zärtlichkeit, Vertrauen usw. zu fühlen, verbergen. Mit ihrem Charme und ihrer gewinnenden Art gelingt es ihnen, ihre Defizite meisterlich zu überspielen. Und zu guter Letzt sprechen sie sich sogar noch gerne die Deutungshoheit über Emotionalität zu, wenngleich Gefühle für sie wie eine fremde Sprache sind, von der sie kein Wort verstehen.

Um diesen Makel zu überdecken, prahlen sie mit ihrem angeblich rational gesteuerten Handeln, das sie vor vermeintlich gefühlsduseligen Entscheidungen schützt. Das Groteske daran ist, dass sie in Wirklichkeit sogar sehr emotionale Menschen sind, denn Wut, Hass, Verachtung, Rechthaberei usw. sind auch Gefühle. Nur sind sie allesamt egozentrischer Natur und keine gebenden Gefühle. Sie entspringen einer anderen Quelle.

Pater Anselm Grün schenkt uns ein hilfreiches Bild, indem er die menschlichen Gefühle mit zwei Quellen vergleicht: einer reinen und einer trüben. So können wir uns bei jedem Gedanken oder Gefühl, das in uns aufsteigt, fragen: Aus welcher der beiden Quellen schöpfe ich jetzt gerade? Eine Frage, die sich Menschen mit abweichendem Sozialverhalten allerdings nie ernstlich stellen werden. Umgekehrt sind diese Leute natürlich in Bezug auf ihre eigenen Bedürfnisse extrem verletzlich und schnell beleidigt. Mit anderen Worten: Sie sind hart im Austeilen, aber sehr empfindlich im Einstecken.

Marianne ist eine Frau, die das bitter zu spüren bekam. Sie wird nie wirklich nachvollziehen können, wie unglaublich emotionslos ihr Mann sich von ihr trennte. Die Art und Weise, wie er ihr das mitteilte, war für sie damals fast so schlimm wie die Trennung als solche: Eines Tages kam er wie immer vom Training zurück und sagte ohne die geringste Emotion in der Stimme:

> „Du, ich wollte dir eigentlich gestern schon etwas sagen. Ich habe eine Freundin und werde mich scheiden lassen. Weißt du, eigentlich wollte ich nie heiraten und Kinder in die Welt setzen. Ich hatte mich da von dir irgendwie verleiten lassen. Aber jetzt ist mir klar geworden, dass es ein Fehler war. Es macht auch keinen Sinn, noch lange Gespräche zu führen und emotionale Dramen hochkochen zu lassen. Ich habe mich entschieden und wollte es dir nur noch mitteilen. Ihr schafft das schon, du bist doch eine starke Frau."

Dann drehte er sich um und ging zu seiner Freundin. Für ihn war das Thema damit erledigt. Er hatte sich nicht einmal die Mühe gemacht, wenigstens zu versuchen, mit den Kindern darüber zu sprechen.

Erst im Rückblick konnte Marianne erkennen, dass sie mit diesem Mann langfristig nie hätte glücklich werden können und all das Schöne, das sie in ihm gesehen hatte, ihre eigenen

Projektionen waren, die nur wenig mit ihm zu tun hatten. Ihr war zuvor nie aufgefallen, dass jegliche Emotionalität von ihr ausgegangen und ausschließlich sie diejenige war, die für Behaglichkeit und ein schönes Zuhause sorgte. Was wieder ganz klassisch war: Ihn traf keine Verantwortung. Dass sie gemeinsame Kinder hatten, war allein ihrer Überrumpelungstaktik zuzuschreiben.

Eine ganz andere Geschichte, aber auf der Herzensebene doch sehr ähnlich, berichtete mir Roman, ein liebenswerter und aufopferungsvoller Familienvater, über seine Frau, die etliche psychopathische Merkmale aufweist:

> „Meine 15-jährige Tochter kam eines Abends sehr traurig nach Hause und warf sich bitterlich weinend auf ihr Bett. Meine Frau wollte gerade schlafen gehen. Deshalb klopfte sie bei ihr im Vorbeigehen an die Tür und rief: ‚Heul nicht so laut, ich möchte jetzt schlafen.‘ Es hatte sie null berührt, dass es Nele schlecht ging. Wäre jetzt aber Besuch da gewesen, hätte meine Frau sich als warmherzige und fürsorgliche Mutter präsentiert und sich rührend um sie gekümmert. Und das ist so etwas, was mich zum Wahnsinn treibt. Meine Frau ist zu uns allen kalt wie ein Kühlschrank. Aber alle Leute, mit Ausnahme der engeren Familie, glauben, dass sie eine emotionale und liebevolle Person ist. Dabei ist sie nur eine perfekte, abgebrühte Schauspielerin.“

Was für ein Glück für die Kinder, dass ihr Vater dafür mit einem reichen emotionalen Wesen gesegnet ist!

Zur Verdeutlichung, wie verheerend die absolute Abwesenheit von mitfühlenden und liebenden Gefühlen sein kann, möchte ich von einem anderen sehr traurigen Beispiel berichten. Auch dieser Mensch, Norbert, von dem ich hier erzähle, zeigt sich in seiner Umgebung offenherzig, leger, gebildet und durch und durch freundlich. Wer diese Geschichte nicht von ihm selbst gehört hat, würde nie glauben, dass er sie erzählt hat. Sicherlich gehört sie zu den Extrembeispielen. Aber extrem heißt nicht unbedingt selten. Und dass wir diese Beispiele nicht öfter erleben, hängt wohl damit zusammen, dass auch gewissenlose Menschen nicht ständig extremen Situationen ausgesetzt sind, wo sie sich durch unmenschliche Reaktionen entlarven.

Norbert, Akademiker mit Doktortitel, berichtete also an einem herrlichen Sommertag bei einem Tässchen Kaffee im Garten ganz gelöst und entspannt vom Suizid seiner Frau. Sie war damals, wie er sagte, an einer Depression erkrankt und konnte das Leben nicht mehr ertragen.

Solch traurige Ereignisse geschehen leider immer wieder und sind sehr tragisch. Nicht aber für diesen Menschen. Er erzählte, dass er es als sehr spannend empfunden habe, als sich sein Wohnzimmer wie bei einem Fernsehkrimi in einen Ort polizeilicher Ermittlungen und ärztlicher Wiederbelebungsmaßnahmen verwandelt habe: „Sogar der Bestatter kam mit einem Blechsarg, genau wie im Fernsehen ...“ Auf meine Frage, ob ihn das denn nicht völlig schockiert habe, entgegnete er: „Nein, im Gegenteil, ich fand das sogar aufregend.“

Dass seine Frau unglaublich gelitten haben musste, bevor sie diese Verzweiflungstat begangen hatte, war für ihn emotional nicht im Geringsten nachvollziehbar oder bedeutungsvoll. Er empfand dem eigenen Bekunden nach keinen persönlichen Verlust durch den Tod seiner Frau. Er bevorzuge, wie er betonte, das Geschehen rein wissenschaftlich zu betrachten. Beobachtend, feststellend und fertig. Bei dieser Herangehensweise vermied er es, sich unter Verdacht zu stellen, an einer unmenschlichen Gefühlskälte zu leiden. Ja, er benutzte das Geschehen noch als willkommene Gelegenheit, sich ein weiteres Mal das Mäntelchen des reinen und unbestechlichen Denkers umzuhängen.

Mir fällt dazu der Schriftsteller Stefan Schütz ein, der einmal so treffend sagte: „Abgründe kennen kein Unten."

Norbert wird also nie erfassen, dass es sich bei seiner sogenannten wissenschaftlichen Herangehensweise um nichts anderes als eine grandiose Selbsttäuschung handelt. Aber das will er auch nicht, da sie genau den Zweck erfüllt, den sie soll, nämlich ihn allezeit souverän dastehen zu lassen.

Ich bin sicher, dass alle Menschen, die nicht emotional total abgestumpft sind, dieses ignorante und kaltblütige Verhalten als unverzeihlich empfinden. Gefühle wie Trauer und Wut, ja sogar Rache oder der Wunsch, solch ein emotional gestörter Mensch solle büßen oder Schmerzen erleiden, können auftauchen. Doch solch dunkle Gedanken und Gefühle machen nichts besser, im Gegenteil. Wer regelmäßig unter solch einem skrupellosen Menschen zu leiden hat, muss für sich selbst Wege finden, schadlos damit umzugehen, um nicht daran zu zerbrechen. Sonst kann es sein, dass all die schönen und leichten Seiten des Lebens nach und nach verblassen und sich ein dunkler Schatten über alles legt.

Selbstbild im Zerrspiegel

„Es ist öde, nichts ehren zu können als sich selbst."
Christian Friedrich Hebbel

Psychopathen glauben nicht, dass sie Schwächen haben – im Unterschied zu den meisten anderen Menschen, die um ihre Schwächen wissen und in der Lage sind, das eigene Verhalten zu reflektieren und kritisch zu betrachten. Wenn Psychopathen jedoch Schwächen eingestehen, darf dem mit Skepsis begegnet werden. Meist handelt es sich bei ihren öffentlich zur Schau getragenen Schwächen nur um eine weitere versteckte Form der Selbstdarstellung. Da kann es dann etwa heißen:

> „Ich bin viel zu großzügig",
> „ich bin zu schüchtern",
> „ich tue zu viel für andere, anstatt auf meine eigenen Bedürfnisse zu achten",
> „ich kann nicht Nein sagen, wenn mich jemand um etwas bittet",
> „ich bin in allem 1000%ig und sollte auch einmal etwas relaxter sein",
> „ich habe zu viel Geduld mit anderen, wenn klare Ansagen angebracht wären",
> „ich arbeite zu viel" usw.

Wenn es die Situation erfordert und ihr anvisiertes Ziel dadurch näher rücken kann, passen sie sich zum Schein den Erwartungen anderer an und versuchen, mit erfundener Reflexion zu punkten. Dieser List bedienen sich meiner

Erfahrung nach gerne die männlichen Vertreter, wenn sie beispielsweise eine sehr emotionale Frau verführen möchten. Dann beichten sie das Blaue vom Himmel herunter, um sich dadurch einen emotionalen und sensiblen Anstrich zu geben.

Was sehr spannend und amüsant ist: Wenn man sie ab und zu mit einigen Verfehlungen konfrontiert, die nicht so einfach vom Tisch zu wischen sind. Dann werden sie unglaublich kreativ und verrennen sich in die abenteuerlichsten Rechtfertigungen. So provozierte Ursula ihren Chef unlängst mit ein paar seiner Entgleisungen zu folgenden haarsträubenden Erläuterungen:

> „Wenn ich lüge, dann erfordert dies die Situation, dann muss ich das tun, ob ich will oder nicht. Oder wenn ich laut werde, tue ich das ebenso wenig, weil es mir Spaß macht. Ich gebe den anderen damit nur die Gelegenheit, über die Bedeutung ihrer Fehler nachzudenken. Aber immerhin können sie froh sein, dass ich sie nur anschreie und sie nicht die Konsequenzen tragen müssen."

Das ist schon eine gehobene Form der Verblendung. Offensichtlich fühlt sich dieser Mann in seinem abstoßenden Verhalten nicht nur großmütig, sondern auch noch verständnisvoll. Als mir Ursula diese Schilderungen berichtete, konnten wir uns über diesen kleinen Spaß köstlich amüsieren. Für die Menschen, die er schlecht behandelt, ist so ein Verhalten natürlich katastrophal, aber seine Rechtfertigungen als solche sind aus kreativer Sicht heraus wirklich allererste Sahne.

Weitere Merkmale der psychopathischen Struktur

„Der Mensch ist das einzige Lebewesen, das erröten kann. Es ist aber auch das einzige, das Grund dazu hat."

Mark Twain

In diesem Kapitel sollen kurz und knapp weitere spezifische Merkmale aufgezeigt werden. Wie zuvor gilt auch hier zu berücksichtigen, dass die Ausprägungen je nach Typ und Veranlagung unterschiedlich stark sind. Ich werde deshalb von relativ harmlosen Beispielen bis hin zu extremen Fällen berichten.

Sie machen keine Fehler

Fehler bei sich zu leugnen ist eine grundlegende Eigentümlichkeit der Psychopathen. Sie gelten bei ihnen als Zeichen von Unzulänglichkeit und müssen deshalb um jeden Preis bestritten werden. Das Widersprüchliche hierbei ist, dass diese Menschen jedoch nicht unbedingt bemüht sind, keine Fehler zu machen, sondern lediglich darum, sie zuverlässig von sich zu weisen. Es geht auch hier, wie immer, nur um die perfekte Fassade.

Ein kleines, unbedeutendes, aber sehr amüsantes Ereignis erzählte mir Cornelia, das sie mit ihrem Freund Peter erlebte. Er ist ein ganz und gar besonderer, unfehlbarer und aalglatter Typ, der sich absolut erhaben über seine Mitmenschen fühlt. Als die beiden eines Abends in ein Restaurant fuhren, bog er in eine falsche Straße ein. Cornelia, die sich bestens auskannte, wies ihn darauf hin, aber er fuhr beharrlich weiter, als hätte sie nichts gesagt, und war erst bereit zu wenden, als er mitten auf einem Feldweg stand. Dann bemerkte er ganz fassungslos und unschuldig: „Da ist doch tatsächlich das Auto an der falschen Straße abgebogen."

Ist das nicht köstlich? Das Auto war falsch abgebogen, nicht er. So eine galante Ausrede verdient eigentlich eine Auszeichnung.

Fehler bei anderen werden gnadenlos aufgedeckt

Bei den Fehlern von anderen verhält es sich umgekehrt: Hier besteht höchster Aufklärungsbedarf. Empathielose Menschen haben Freude daran, anderen ihre Mängel aufzuzeigen, denn sie erliegen der Illusion, dass sie an Größe gewinnen, wenn sie andere herabsetzen.

Julia, die Sekretärin eines respektlosen und unverschämten Rechtsanwaltes, beklagte sich bei mir über ihn:

> „Er macht jeden Tag unzählige Fehler, übersieht seine Termine und vergisst, wichtige Fristen einzuhalten, weil er seine Arbeit fahrig und lustlos erledigt. Er schafft es nicht einmal, eine kleine Aktennotiz fehlerfrei zu schreiben. Deshalb sind meine Kollegin und ich immer damit beschäftigt, das alles wieder geradezubiegen. Aber als ich neulich in einem Schriftsatz – und das war das erste Mal, das mir so etwas überhaupt passierte –, einen Punkt vergaß, kam er aus seinem Zimmer gestürmt und verkündete mit wichtiger Miene, dass er so eine Arbeit nicht durchgehen lassen könne. Dieser Auftritt war so grotesk, dass ich mich zwar furchtbar geärgert, mich aber gleichzeitig für ihn richtig geschämt habe."

Auch Julia lernte viel dazu, und so kam nach und nach die Zeit, wo sie sich nichts mehr bieten ließ und ihr Chef allen Grund hatte, sich mit seinen lächerlichen Auftritten in Acht zu nehmen. Zu solchen Spiele gehören nämlich immer zwei, ein Täter und ein Opfer.

Schuld sind immer die anderen

Das ist ganz klar, wer keine Fehler macht, kann niemals schuld an etwas sein. Die Folge ist, dass sie immer einen Schuldigen finden, der für sie den Kopf hinhalten muss. Echtes Schuldbewusstsein und Gewissensbisse oder gar Reue werden ebenso wenig empfunden wie Mitgefühl für die Schmerzen und Leiden derer, die ihren Attacken ausgeliefert sind. Im Gegenteil: Nach und nach werden Strategien entwickelt, die das eigene unkorrekte Verhalten legitimieren.

Ein tückisches Beispiel totaler Abwesenheit von Pflichtbewusstsein berichtete mir Manuela:

> „Mein Chef schließt ständig irgendwelche Verträge ab, von denen er sich Vorteile verspricht. Da er aber seinen eigenen Verpflichtungen oftmals nicht nachkommen mochte und häufig Ärger bekam, änderte er seine Strategie. Er ließ mich unterzeichnen, da ich eine Vollmacht habe. Doch eines Tages hörte ich ihn einer Kollegin zuflüstern, dass er mich alles unterschreiben ließe, um im Fall einer gerichtlichen Auseinandersetzung beiden zu können, dass ich unbefugt und ohne seine Zustimmung gehandelt hätte. Er hätte mich ohne Gewissensbisse für seine unseriösen Sachen strafrechtlich verfolgen lassen."

Ja, Psychopathen waschen gern ihre Hände in Unschuld. Man könnte ihren Mangel an Verantwortungsgefühl auch gut mit dem Floriansprinzip auf den Punkt bringen: „Du heiliger St. Florian, schütz unser Haus, zünd andere an."

Sie sind äußerst unzuverlässig

In unzuverlässigem Verhalten sind sie sehr zuverlässig. Absprachen und Verträge einzuhalten, für verlorene Wetten einzustehen, all das ist ihnen zuwider. Teilweise hängt es sicherlich mit ihrer mangelnden Selbstdisziplin zusammen. Aber nach meiner Erfahrung löst eine Verpflichtung wohl auch unangenehme Gefühle aus, die sie im weitesten Sinne an Abhängigkeitsverhältnisse erinnern. Deshalb sind Absprachen für sie in dem Moment, in dem sie für ihr Wort einstehen müssen, aber keinen Vorteil mehr darin sehen, schon wieder Schnee von gestern.

Ich kannte einen Geschäftsmann, der einen sehr großen Geldbetrag bei der Bank geliehen hatte. Nach wenigen Monaten war das Geld ausgegeben, nur die lästigen hohen Tilgungen sollten ihn noch die nächsten zwanzig Jahre daran erinnern. Eines Tages kam er nach reiflicher Überlegung, wie er es nannte, zu dem Entschluss, dass er sich mithilfe einer Insolvenz der Darlehensraten entziehen könnte. Denn, und jetzt kommt sein typisch psychopathischer Gedankengang:

> „Die Banken haben an mir schon genug Geld verdient. Es reicht jetzt. Für die ist so ein Betrag doch nur Peanuts. Die verschleudern durch ihre idiotischen Geschäfte Milliarden, und wir arme Schlucker sollen den Kopf dafür hinhalten. Diesen Irrsinn unterstütze ich nicht mehr."

Mit dieser Einstellung hatte er nicht nur eine Rechtfertigung für sein betrügerisches Verhalten gefunden, sondern er bezog noch ganz selbstgerecht Stellung zu einem sozialkritischen Thema, wobei er stellvertretend für alle Bürger dieses Landes Profil zeigte.

So etwas lässt sich kaum ertragen. Gerade die, die sich keinen gesellschaftlichen Konventionen verpflichtet fühlen und Recht und Gesetz mit Füßen treten, wann immer sich eine Gelegenheit ergibt, preisen sich noch als Retter der Menschheit. Ich kann es nur immer wiederholen: Sie täuschen nicht nur andere, sondern in allererster Linie sich selbst.

Sie schlagen Kapital aus der Not anderer

Menschen dieser Gattung mit sehr hohen und auch aggressiven Anteilen schrecken nicht davor zurück, die Not anderer für ihre Interessen auszunutzen. Das leichteste Spiel haben sie bei finanziellen Abhängigkeiten.

Markus, ein Junge von 17 Jahren, klagte mir, dass er seine Eltern nur noch zutiefst verachten könne. Diese lassen sich regelmäßig Schwarzarbeiter aus Billiglohnländern kommen, die sie sehr unwürdig und achtlos behandeln. Sie schreien sie an, lassen sie von morgens früh bis in den späten Abend schuften und geben ihnen auch bei mehrmonatigem Aufenthalt keinen freien Tag zur Erholung. Selbst an den Wochenenden müssen sie gnadenlos durcharbeiten. Am Ende halten seine Eltern sich oft nicht an die vereinbarten Zahlungen. Da diese Menschen keine Arbeitserlaubnis besitzen, gibt es niemanden, dem sie sich Hilfe suchend anvertrauen können. Sie sind moderne Sklaven.

Als er seine Eltern einmal zur Rede stellte, reagierten diese empört und verärgert:

> „Die Gastarbeiter sollen froh sein, dass sie hier
> sein können und endlich mal ein gescheites
> Dach über dem Kopf und eine Toilette im Haus
> haben, anstatt immer nur an Geld zu denken."

Wo jeder gesunde Mensch die Leistungen der Mitarbeiter
schätzt und honoriert, spielen Psychopathen sie herunter und
vergessen, wer ihnen zu ihrem Reichtum oder ihrer Position
verholfen hat.

Ihre Botschaften sind widersprüchlich

Sie leben in einem inneren Chaos, das zwangsläufig Widersprüche erzeugt. Diese sind zwar nicht für sie selbst wahr-
nehmbar, umso heftiger aber für die Menschen um sie herum. Heute wird dies behauptet und morgen schon wieder das
Gegenteil, je nach Situation und Tagesform. Möglicherweise
gelten auch die Absprachen von morgens schon abends nicht
mehr. Es gibt nichts Verbindliches und keine Anhaltspunkte
für ein gesundes Urteilsvermögen.

Wie verwirrend und schmerzlich das sein kann, hat beispielsweise Jasmin zu spüren bekommen. Sie ist ein entzü-
ckendes und hübsches Mädchen, das das Pech gehabt hat, in
ihrem ersten Freund einem selbstverliebten, egozentrischen
Menschen zu begegnen. Als sie ihn kennenlernte, war sie 17
Jahre alt und liebte ihn von ganzem Herzen. Er hatte sie mit
seinem widersprüchlichen Verhalten immer wieder aus der
Fassung gebracht. Doch eines Tages war sie völlig durchein-
ander und berichtete mir unter vielen Tränen:

> „Mein Freund hat gestern mit mir aus heiterem
> Himmel Schluss gemacht, weil er ein anderes

Mädchen kennengelernt hat. Aber ich verstehe das alles überhaupt nicht. Als er mir das sagte, küsste er mich die ganze Zeit dabei zärtlich und beteuerte, dass er den größten Fehler seines Lebens mache, weil er mich jetzt gehen lasse. Und so eine Frau, wie ich es sei, werde ihm nie wieder über den Weg laufen. Das passt doch alles nicht zusammen. Wen liebt er denn jetzt wirklich, sie oder mich?"

Jasmin hat recht gehabt, das passt nicht zusammen. Aber für ihn tat es das durchaus, das ist ja das Schlimme daran. Er spielte ihr genau diese Rolle vor, die ihm nützlich war und in der er sich gerne selbst erlebte: als begehrenswert, verführerisch, kurzum als Mann, den man nie wirklich aufhört zu lieben. Und indem er sie beim Abschied noch mit Zärtlichkeit und Küssen überschüttete, weckte er bei ihr die Hoffnung, dass er vielleicht zu einem späteren Zeitpunkt wieder zurückkommen würde.

Nach diesem Auftritt konnte er sicher sein, sie noch lange in seiner Warteschleife zu halten.

Übrigens, er kam tatsächlich wieder, als er seiner neuen Freundin auch überdrüssig wurde. Aber in der Zwischenzeit war Jasmin durch viele Prozesse gegangen. Sie wollte alles über seine psychopathischen Muster lernen und wünschte sich aus ganzem Herzen heraus, stark zu werden und sich nicht noch einmal emotional dermaßen vorführen zu lassen. Sie liebte ihn immer noch und begann wieder eine Freundschaft mit ihm. Nur diesmal bestimmte sie die Regeln und duldete keine Komödien mehr.

Sie fühlen sich überlegen

Dieses arrogante Gefühl der Überlegenheit ist sehr fest installiert und nicht wirklich angreifbar. Beansprucht jemand anders aber den gleichen Stellenwert, nehmen Psychopathen dies als Bedrohung wahr und kämpfen erbittert dagegen an. In letzter Not greifen sie auch zu einer Kriegslist und versuchen durch geschickte Manipulationstechniken, sich mit dem „Feind" zu verbünden. Alles ist legitim, um Gefühle von Niederlagen zu vermeiden.

Sie beleidigen, setzen herab, erniedrigen, lachen aus

Empathisches Empfinden gehört leider nicht zu ihren Stärken. Sie besitzen nicht die Gabe, sich in andere hineinzuversetzen und nachzuempfinden, wie schmerzhaft ihre Beleidigungen und Herabsetzungen sind. Sie gehen davon aus, dass der andere sie verdient hat und sie zu seiner Besserung beitragen. Auf diese Weise glauben sie noch, der Gesellschaft einen Gefallen zu tun.

Immer wieder höre ich beispielsweise schmerzliche Berichte über Lehrer, die ihre Schüler vor der ganzen Klasse zur Belustigung aller demütigen und bloßstellen. Es ist unglaublich, dass sich an diesen Schulen keine Kollegen oder Schulleiter finden, die diesem grausamen Spiel ein Ende bereiten.

Sie lieben Geheimnisse

Psychopathen umgibt oft eine Aura von Geheimnissen, und sie lassen sich nur sehr ungern in die Karten schauen. Sie sind bemüht, ihre Lügen und alles, was nicht ihrem Image zuträglich ist, zu verschleiern und zu verbergen. Aber auch der Reiz des Unbekannten soll ihre Umgebung faszinieren. Und sicherlich überspielen sie auf diese Weise ebenso das Mittelmäßige und Uninteressante an ihnen.

Sie benutzen Komplimente, um andere zu binden

In Situationen, in denen sie nicht automatisch dominieren können, zeigen sie sich gern von ihrer besten Seite. Sie setzen dabei häufig ihren Charme ein, um zu manipulieren. Keine Äußerung ist zu peinlich, wenn sie zielführend erscheint. Sie verfügen nahezu über einen siebten Sinn für die tiefsten, unerfüllten Sehnsüchte der Menschen und scheuen sich nicht, dies gnadenlos auszunutzen. Goethe hat es schön auf den Punkt gebracht: „Wer keine Liebe fühlt, muss schmeicheln lernen, sonst kommt er nicht aus."

So kann die unscheinbarste Frau mit einem Mal zum Objekt ihrer Begierde aufsteigen, wenn dies einen Vorteil verspricht. Oder die anvisierte Beförderung wird durch anhaltende Schmeicheleien und Komplimente erkämpft.

Ich erinnere mich aber auch an einen gescheiterten Versuch eines wahren Meisters, der mich immer wieder zum Schmunzeln bringt: Stefan, ein Mann, der an Erfolg gewöhnt war, versuchte auf einem Amt seine Interessen auf dem „kleinen Dienstweg" zu erschleichen. Die Sachbearbeiterin war eine Dame reiferen Alters und eine eher maskuline Erscheinung. Als er sie mit seinen allerschönsten Komplimenten bezirzen wollte, wurde sie wütend und schrie:

> „Meinen Sie wirklich, ich habe noch nie in meinem Leben in einen Spiegel geschaut? Für wie blöd halten Sie mich eigentlich? Und jetzt raus hier, und zwar sofort!"

Hurra! Es gibt glücklicherweise durchaus selbstbewusste Menschen, die sich nicht durch solche Phrasen einfangen oder sogar lächerlich machen lassen. Diese Leute sind einfach nur sprachgewandte Blender und deshalb auch leicht zu durchschauen. Wer das erkannt hat, dem kann es sogar Spaß bereiten, bei diesen Spielchen mitzumachen.

Sie können keine festen Freundschaften aufrechterhalten

Freundschaften funktionieren nur durch ein Geben und Nehmen und mit dem Wissen, auch in schwierigen Situationen füreinander da zu sein. Wenn aber einer nur gibt und der andere nur nimmt, ist die Balance gestört, die Vertrauen und Zuversicht gedeihen lässt.

Wohl werden von Psychopathen große Versprechungen gemacht, aber es bleibt meist bei Worten, denen keine Taten folgen. Folgen sie aber doch, haben sie aufgrund der großen emotionalen Defizite meist ganz andere Absichten.

Lisbeth hat mir beispielsweise berichtet, dass ihr Freund sie regelmäßig wegen ihrer Freundschaften belächelt hat, was ein ganz klassisches Verhalten aufzeigt:

> „Freundschaften muss man andauernd pflegen, was nur Zeit kostet und Arbeit macht. Sie sind etwas für Schwache, die mit dem Leben alleine nicht klarkommen. Nimm mich als Vorbild: Ich umgebe mich nur mit Leuten, die mir in irgendeiner Weise nützlich sind. Davon habe ich etwas. Deine Freunde dagegen rauben nur deine Energie mit ständigen Telefonaten und kosten Geld. Ich bin nicht so dumm und gebe Geld für

andere aus. Ich schenke ihnen Illusionen. Die kosten nichts. Im Gegenteil: Sie sind ganz darauf versessen, dass ich ihnen bei jeder Gelegenheit sage, wie großartig sie sind. Sie hängen an meinem Tropf wie Süchtige. Und sie machen dafür genau das, was ich von ihnen will. Und sie sind noch glücklich dabei. Du siehst also, meine bloße Gegenwart ist für jene wesentlich erfüllender als deine vielen Geschenke an deine Freundinnen. Du solltest endlich meinem Vorbild folgen."

Ernst, ein erfolgreicher Geschäftsmann, schilderte einmal ganz stolz:

„Ich befreunde mich nur mit Leuten, die mir regelmäßig Rechnungen schicken, wie Ärzte, Steuerberater, Handwerker usw. Die lade ich dann hin und wieder auf einen Drink ein, und einmal im Jahr zum Grillen. Da spare ich mit jedem Würstchen, das sie essen, viel Geld. Sie glauben dann, dass wir gute Freunde sind. Und Freunde schicken keine Rechnungen. Und wenn doch, dann sehr reduziert. Möglicherweise erkennen sie irgendwann einmal meine Strategie. Doch was macht das schon? Dann wechsle ich eben die Beziehungen. Jeder ist austauschbar."

Gefühlskälte gepaart mit Verschlagenheit, das ist ein Wesensmerkmal von Psychopathen. Sie taktieren und manipulieren, während ihnen gutgläubige Menschen mit ihrer Wahrhaftigkeit und Offenheit ins Messer laufen. Es dauert zuweilen lange, bis sie diesen Manipulationen auf die Schliche kommen. Doch selbst wenn sie es klar erkennen, können sie es dennoch kaum glauben. Einem Menschen mit Herz und Verstand ist jede Art von ausbeuterischem Taktieren fremd und zuwider.

Ich selbst habe schon gestandene Männer weinen sehen, als sie erkannten, dass sie nur benutzt wurden. Doch das allein war es nicht, was die Verletzung ausmachte. Sie konnten sich vor allem nicht verzeihen, zu naiv gewesen zu sein, um diese Machenschaften zu durchschauen.

Vielleicht ist es Ihnen auch schon so ergangen, und Sie haben sich beinahe dafür geschämt, vertraut zu haben und offen gewesen zu sein. Doch seien Sie versichert: Ihr Handeln war richtig. Gerade das macht ein liebendes Herz und ein unverdorbenes Wesen aus, dass es die Gabe besitzt, an das Gute in anderen Menschen zu glauben, ihnen zu vertrauen und für sie einzustehen. Misstrauen, unnötige Zweifel und Vorbehalte blockieren diese gute Seite.

Die Psychopathen sind es, die erkennen müssen, dass sie genau jene Menschen, die sie belächeln oder beherrschen, hoch schätzen sollten. Denn würden sie nur ihresgleichen begegnen, wäre es um sie herum so einsam und kalt wie in ihrem eigenen Herzen.

Doch bekehren lassen sie sich nicht; diese Versuche wären zum Scheitern verurteilt und würden nur weitere Ungerechtigkeiten und unnötiges Leiden bedeuten. Selbst wem es gelingt, alle Spielchen zu ertragen, wird dadurch gewiss nicht geschätzt, denn Menschen, die sich nicht wehren, sind für sie nur Schwache, die eine starke Hand benötigen. Ein Psychopath würde es als das Selbstverständlichste auf der Welt hinnehmen, dass er so sein kann, wie er ist, da sein Handeln natürlich gerecht ist. Ganz gleich wie schwer seine Verstöße gegen alle Abmachungen, Gefühle und Werte sind, er hat doch immer seine guten Gründe, so zu handeln, wie er es tut. In der Konsequenz heißt das: Mit diesen Menschen kann man keine nährenden Freundschaften pflegen.

Alles wird den eigenen Interessen untergeordnet

Diese Leute kennen nur ihre eigenen Bedürfnisse und verfolgen ihre eigenen Ziele. All die vielen Zwischentöne der Kommunikation mit ihren Mitmenschen sind ihnen nicht geläufig. Stimmen die Handlungen der anderen mit ihren Erwartungen überein, sind sie zufrieden. Wird aber eine andere Meinung vertreten, wird dies nicht als rechtmäßige persönliche Ansicht, sondern als Angriff auf die eigene Person gedeutet.

Wenn ein Psychopath eine Mobbingkampagne gegen einen Kollegen startet, muss jeder, der sich nicht bedingungslos anschließt, damit rechnen, selbst zur Zielscheibe zu werden. Die Regeln sind ähnlich denen krimineller Straßenbanden: Wer gegen den Anführer aufbegehrt, bringt sich selbst in Gefahr.

Aber auch ganz harmlose Situationen können von ihnen als Attacke gegen die eigene Person gewertet werden. Doris, eine liebe, gutmütige und geduldige Frau, erlebte das an ihrem Arbeitsplatz. Sie ist in einer Druckerei beschäftigt, die von zwei gleichberechtigten Eigentümern geführt wird. Beide sind rücksichtslos und gehen grundsätzlich davon aus, dass nur ihre Interessen die einzig relevanten sind und die Mitarbeiter sich voll und ganz danach zu richten haben. So zahlen sie beispielsweise die Gehälter der Mitarbeiter, die nicht durchsetzungsfähig sind, erst auf mehrmaliges Nachfragen hin aus. Aber auch so ein Nachhaken kann unangenehm ausgehen. Da werden nämlich nicht Entschuldigungen laut, sondern – wie es für solche Menschen typisch ist – eher Angriffe. Doris schrieb jeden Monat ihren Leidensweg protokollarisch mit. Hier ein Beispiel:

1. Versuch

    „Herr Müller, ich brauche mein Geld."

    „Ich brauche auch Geld."

    „Das ist kein Spaß von mir."

    „Von mir auch nicht."

    „Ich brauche das Geld wirklich dringend."

    „Ich habe keines. Vielleicht kann ich Ihnen nächste Woche **etwas** *(!) geben."*

2. Versuch

    „Ich brauche jetzt wirklich mein Geld."

    „Eigentlich arbeiten Sie mehr für Herrn Schulze. Dann soll er Ihnen auch das Geld geben."

3. Versuch

    „Herr Schulze, ich brauche dringend mein Geld."

    „Ich habe keines. Fragen Sie Herrn Müller."

    „Da war ich bereits."

    „Dann kann ich nichts machen."

    „Wir haben doch genug Geld in der Kasse."

    „Das geht nicht, wir erwarten eine große Nachnahmesendung."

    „Sie haben doch immer viel Geld in Ihrem Geldbeutel."

    „Von dem kann ich Ihnen aber nichts geben, denn dieses Geld ist schon versteuert. Das müssen doch sogar Sie einsehen. Ich bezahle Sie morgen."

    „Sie sind aber morgen nicht da."

    „Ich gebe es heute Abend Herrn Müller, er gibt es Ihnen dann."

4. Versuch

    „Herr Schulze hat Ihnen gestern mein Gehalt gegeben."

    „Ich weiß von nichts. Er hat mir nichts gesagt und nichts gegeben. Sie kriegen morgen Ihr Geld von mir."

5. Versuch
Herr Müller gibt mir eine **Vorschusszahlung** mit den Worten:

„Das enttäuscht mich, dass Sie uns in diesen schweren Zeiten noch in den Rücken fallen, anstatt darüber nachzudenken, dass wir alle Opfer bringen müssen. Haben Sie sich schon einmal gefragt, was Sie persönlich dazu beitragen können, um uns zu entlasten?"

Die Tatsache, dass die Angestellten ihre Gehälter einfordern, wird als Boykott gegen die Firma gewertet. Und dieser unbedeutende Umstand, dass genügend Geld für den eigenen Luxus und die größten Fahrzeuge vorhanden ist, haben mit dem Zurückhalten der Gelder natürlich nichts zu tun. Dieses Katz-und-Maus-Spiel bereitet den beiden nicht die geringste Scham.

Doris änderte nach Jahren der Demütigung ihre Strategie und teilte den beiden selbstbewusst mit:

„Bitte überlegen Sie sich, wie viel Arbeitszeit Sie unaufgefordert bezahlen können. So viele Stunden werde ich künftig noch arbeiten, aber nicht mehr. Ich habe auch Verpflichtungen, aber ich möchte auch Sie nicht immer in Verlegenheit bringen. Es ist Ihnen bestimmt peinlich, wenn wir Mitarbeiter sehen, dass Sie jeden Monat bedrohlich nahe an einer Insolvenz vorbeischrammen. Das ist bestimmt der Fall, sonst würden Sie nicht gegen das Gesetz die Gelder zurückhalten. Das kann ich mir nicht vorstellen."

Da sie jedoch unentbehrlich war und man sich keinen Ausfall leisten konnte, erklomm Doris damit die Riege der wenigen, deren Gehalt per Dauerauftrag überwiesen wurde.

Gehen wir aber noch einen Schritt weiter. Die Fortsetzung des Gedankens „Wer nicht für mich ist, ist gegen mich", lautet schnell: „Wer nicht für mich ist, wird bekämpft." Bei Menschen mit hohem negativem Potenzial kann es folglich leicht zu starken aggressiven Impulsen kommen. An vielen Arbeitsplätzen sind genau diese Umstände ein Nährboden für Diskriminierungen und Mobbing aller Art.

Parasitärer Lebensstil und Machtmissbrauch

Jeder Mensch, der die Bedürfnisse und Regeln unserer sozialen Gemeinschaft verletzt, unsere anerkannten Werte und Normen missachtet und nicht in der Lage ist, Verantwortung für sein Handeln zu übernehmen, lebt auf Kosten anderer und muss sich einen parasitären Lebensstil vorwerfen lassen. Wir finden diese Menschen in sehr vielen Bereichen wieder: Sie hinterziehen Steuern, erschleichen staatliche Förderungen und Sozialleistungen, täuschen Versicherungsschäden vor oder noch schlimmer: Sie erkämpfen sich hohe Ämter oder Posten am Arbeitsmarkt, um ihre eigenen Bedürfnisse nach Macht zu befriedigen. Dass aber gerade diese Stellen große soziale Kompetenzen und ein hohes Maß an Verantwortungsbewusstsein erfordern, ist ihnen vollkommen gleichgültig. Im Gegenteil ist es sogar so, dass die Möglichkeiten, die der Arbeitsplatz verschafft, missbraucht werden, um Machtgefälle zu erzeugen und persönliche Spielchen auszutragen. Abraham Lincoln soll einmal gesagt haben: „Willst du den Charakter eines Menschen erkennen, so gib ihm Macht."

Martin musste an seinem Arbeitsplatz erleben, was es bedeuten kann, einem Vorgesetzten mit ausgeprägten sadistischen Zügen in Verbindung mit einem ausgeprägten „niederen Selbst" zu begegnen. Er bat mich, seine Geschichte hier zu erzählen, um ähnlich Betroffenen mitzuteilen, dass sie nicht die Einzigen sind, denen so etwas widerfährt, und sie keine Schuld daran tragen:

> „Mein ehemaliger Chef mochte mich nicht. Das war mir von Anfang an klar. Doch hätte ich nie gedacht, dass ein Mensch einmal so weit gehen und alles daran setzen würde, mich und meine Familie bewusst zu zerstören.
>
> Ich habe meinen Chef als einen jener Menschen kennengelernt, die ihre Mitarbeiter wie Vasallen behandeln und von ihnen absoluten Gehorsam und Gefolgschaft erwarten und erzwingen. Und daraus machte er keinen Hehl. Ebenso wenig machte er ein Geheimnis daraus, dass er rechtsradikalem Gedankengut zugeneigt ist. So kam ihm seine leitende Stelle in einem Pharmakonzern sehr zur Hilfe, um seine menschenverachtenden Tendenzen unter dem Deckmantel beruflicher Pflichterfüllung auszuleben.
>
> Da es mir nie in den Sinn gekommen ist, blinden Gehorsam zu leisten, und ich es als Selbstverständlichkeit betrachte, meine Meinung höflich auszusprechen, wurde mir in einem Vier-Augen-Gespräch der Krieg erklärt. Zuerst entzog er mir meinen Arbeitsplatz im Innendienst und versetzte mich gegen meinen

Willen und gegen meinen Arbeitsvertrag in den Außendienst. Später strich er mir die von ihm mündlich zugesicherten Garantien, was meinen finanziellen Untergang wenige Jahre vor der Rente besiegelte. Als ihn ein Kollege darauf ansprach und insistierte, dass sein boshafter Rachefeldzug meine Familie und mich finanziell vernichten würde, richtete er sich zu dessen Entsetzen auf, begann über das ganze Gesicht zu strahlen und sagte: ‚So ist es gut.'

Ich frage mich nur, wie dieser Mensch, wenn man ihn so überhaupt noch bezeichnen möchte, mit seinen diabolischen Verhaltensweisen ruhig schlafen kann. Aber ich tröste mich damit, dass auch für ihn der Tag kommen wird, an dem er diese Erde wieder verlassen muss. Dann kann man ihm nur wünschen, dass die gleiche gnadenlose Hand, derer er sich für seine bösen Zwecke so gerne bediente, nicht nach ihm greifen wird."

Natürlich war Martin nicht der Einzige, der diesem Menschen zum Opfer fiel. Als beispielsweise ein anderer Mitarbeiter, der ebenfalls nicht in seiner Gunst stand, eines Tages sehr krank wurde und die Firma verließ, freute er sich, dem Kollegium mitzuteilen, dass dieser wohl in Zukunft von Sozialhilfe leben müsse. Ihm selbst ist es nie in den Sinn gekommen, sich schlecht dabei zu fühlen, da er nicht weiß, was Mitgefühl bedeutet. Er fühlt sich gut damit, weil er sich außerdem belügen kann, stark und überlegen zu sein. Und er ahnt nicht im Geringsten, dass seine Position zu missbrauchen keine Stärke, sondern ein krasser Ausdruck selbstsüchtiger, niederer Motive ist, die nichts als eine große menschliche Unzulänglichkeit zeigen. Das Ganze ist nicht nur schade um die Opfer, sondern ebenso um seinetwillen.

Aber dennoch gibt es auch etwas Positives zu berichten. Martin ließ die Angelegenheit nicht einfach auf sich beruhen und beschwerte sich schriftlich bei dessen Vorgesetzten. Wie zu erwarten war, stellten sie sich zwar nach außen hin vor seinen Chef, aber wie er hinter vorgehaltener Hand erfuhr, musste dieser mehrere Male in der Direktion vorstellig werden.

Wer sich die aufgelisteten Merkmale anschaut, kennt schnell die Antwort auf die Frage: Wie sieht sich der Psychopath?

Ganz einfach: Er hält Großes von sich. Sein Inneres ist voller Illusionen, Abenteuer und Ehre, und er ist der große Held dabei. Würde man ihm sagen, dass er in einem früheren Leben Kolumbus, Cäsar, Robin Hood oder ein unerschrockener Pirat, der alle Weltmeere beherrschte, hätte sein können, würde er sich darin leicht wiedererkennen.

Ich persönlich halte mich in solchen Fällen aber lieber an Leonardo da Vinci:

> *Wie die Menschen sind die Ähren.*
> *Tief verneigen sich die schweren,*
> *stolz erheben sich die leeren.*

Wie wird man zum Psychopathen?

In der Frage nach der Entstehung psychopathischen Verhaltens gibt es verschiedene Ansätze. Wissenschaftler gehen davon aus, dass psychopathisches Verhalten größtenteils genetische Ursachen hat oder dass organische Beeinträchtigungen des Nervensystems oder des Gehirns dafür verantwortlich sind. Ebenso kann die Entstehung antisozialen Verhaltens in einem Zusammenspiel verschiedener Faktoren gesehen werden. So zum Beispiel der Psychoanalytiker Wilhelm Reich, der in seiner Charakterlehre durch jahrzehntelange Beobachtungen zu dem Schluss kam, dass er das Verhalten der Menschen, die er behandelte, in Kategorien einteilen konnte. Er stellte nämlich fest, dass ähnliche Kindheitserfahrungen und ähnliche Kind-Eltern-Beziehungen auch ähnliche Körperstrukturen und psychodynamische Verhaltensweisen zeigen. Diese „Typenlehre" wurde später von Alexander Lowen und anderen Therapeuten weiter spezifiziert. Demzufolge entsteht aus den Kindheitserfahrungen und den ersten traumatischen, also verletzenden Erfahrungen jeweils ein prägnantes Abwehrsystem. Das Abwehrsystem der psychopathischen Charakterstruktur entwickelt sich somit aufgrund schwerer seelischer Defizite und Verletzungen.

Das erklärt, warum sich diese Menschen nicht wirklich anderen anvertrauen können, sich niemals fallen lassen und ein übertriebenes Kontrollverlangen zeigen. Kontrolle, Lügen und Manipulation sind in ihrer Kindheit und in ihrem späteren Leben sehr nützliche Werkzeuge. Sie sehen sich offensichtlich in einer Welt, in der sie jederzeit verraten werden können, und fühlen sich deshalb permanent einer latenten Bedrohung ausgesetzt. Sie fahren mit Kaltblütigkeit und ohne Empathie die stärksten Geschütze gegen ihre Mitmenschen auf und versuchen somit zu verhindern, dass sie selbst zum Opfer werden könnten. Je mehr Übung sie darin erlangen, desto mehr Freude bereiten ihnen ihre erfolgreichen „Feldzüge".

Zusammenfassend bleibt festzustellen, dass zwischen der Persönlichkeitsstörung eines Psychopathen und den ganz ähnlich erscheinenden Mustern der psychopathischen Struktur medizinisch gesehen dennoch große Unterschiede liegen. Für den einzelnen Betroffenen mag es keine Rolle spielen, wer ihn quält oder ihm das Leben zur Hölle macht. Doch möchte ich diesen Umstand hervorheben und noch einmal betonen, dass die Begrifflichkeit „Psychopath" bzw. „psychopathische Charakterstruktur" in diesem Buch nicht medizinisch betrachtet werden kann.

In einem Punkt heben sich die reinen Psychopathen, also die wirklich „ganz schweren Jungs" (übrigens sind es meistens Männer), aber erkennbar ab: Sie empfinden auch in schwierigen Situationen keine nennenswerten Ängste und agieren unabhängig und zielsicher. Bei Menschen mit der psychopathischen Struktur kann ich zuverlässig das Gegenteil beobachten. So großspurig sie sich über andere erheben, so feige sind sie doch, wenn sie für ihre Taten einstehen müssen. Sie selbst machen sich nie unnötig die Hände schmutzig und versuchen mit viel List und Tücke, sich jeglicher Verantwortung zu entziehen und sind allezeit auf Anerkennung bedacht. Ich gehe davon aus, dass die meisten Menschen, die dieses Buch lesen, hauptsächlich von dieser Spezies belästigt werden, weshalb wir uns auch vorrangig mit ihr beschäftigen.

Die Lernaufgabe des Psychopathen

Psychopathische Charaktere glauben, wie gesagt, tief in ihrem Innern, dass die ganze Welt voller Verrat ist und sie jederzeit verraten werden können. Alles, was nicht ihrer ureigenen Überzeugung entspricht, wird als Gefahr gewertet. Die typische Einstellung wie: „Wer nicht für mich ist, ist gegen mich", leitet sich deshalb nachvollziehbar daraus ab. So schützen sie sich vor der Welt, indem sie ein perfektes Abwehrsystem entwickelt haben. Deshalb kann man statt „psychopathische Muster" oder „psychopathische Struktur" ebenso „psychopathische Abwehr" sagen.

Die Lernaufgabe, die sich daraus entwickeln könnte, wäre, Vertrauen in andere Menschen, in das Leben und letztendlich auch in sich selbst aufzubauen; sich fallen lassen zu können, statt zu kontrollieren, bzw. zu vertrauen statt zu misstrauen. Dies beinhaltet aber auch, dass diese Menschen die Fähigkeit erlernen müssen, anderen zu erlauben, so sein zu dürfen, wie sie sind.

Menschen mit einem psychopathischen Charakter müssten lernen, wie gut es tut, Schritt für Schritt ihre Maske abzulegen anstatt sich ständig in Szene zu setzen, und dass es keine Demütigung ist, Schwäche, Verletzlichkeit und Angst zu zeigen oder zu weinen, wenn sie trauern. Sie könnten sich der Erfahrung öffnen, dass die zarten Seiten der Persönlichkeit von anderen geliebt werden und auch die anderen sich nach ihrer Herzlichkeit sehnen.

Denn diese Menschen haben in der Tat oft besondere Begabungen. Sie können andere begeistern und mitreißen und könnten ihre Möglichkeiten und ihre Durchsetzungsfähigkeit für soziale Projekte nutzen und auf vielerlei Weise die Welt verbessern. Wenn sie ihr Streben nach persönlicher Macht überwinden und ihre Kraft dem Allgemeinwohl zur

Verfügung stellen würden, wären sie wirklich ein Segen für die Menschheit. Vielleicht würde am Ende sogar ein großes, liebendes und sich verschenkendes Herz hervortreten. Dann würde auch das geschehen, was sie sich so sehr erhoffen: dass andere zu ihnen aufschauen und sie bewundern und lieben.

Allerdings gibt es einen Umstand, der diese Veränderung nicht wirklich zulässt. Durch die stabile Mauer der Selbstüberschätzung, die durch eine Armee überheblicher Glaubenssätze geschützt ist, und der Abwesenheit herzenswarmer menschlicher Gefühle, kommen sie gar nicht erst auf den Gedanken, dass sie etwas an sich ändern müssten. Sie glauben zutiefst, alles richtig zu machen, und daran, dass nur alle anderen sie als Vorbild nehmen müssten, damit sich alles richtet. Sie nehmen nicht wahr, dass sie – symbolisch gesprochen – mit einem Panzer durch die Seelenlandschaft ihrer Mitmenschen fahren, ohne sich gewahr zu sein, dass sie eine Spur der Verwüstung hinterlassen.

Ich habe noch von keinem einzigen Fall gehört, in dem ein Psychopath die Einsicht hatte, dass sein Leben eine einzige Maskerade ist, mit der er sich selbst belügt und andere tief verletzt. Eine befreundete Heilerin berichtete mir einmal, dass ein Mann mit psychopathischem Muster aus ihrem Bekanntenkreis sie aufsuchte, da er gerade selbst eine spirituelle Ausbildung begonnen hatte, und in diesem Zuge etwas mehr über sein Inneres erfahren wollte. Dabei gelang es ihr, seine Maske für einen Moment zu durchbrechen. Mit völligem Entsetzen sah er sein Handeln zum ersten Mal aus einem anderen Blickwinkel und lag weinend und tief verzweifelt auf dem Boden. Er bedauerte unendlich, was er seiner Frau und seiner kleinen Tochter mit seinem herrischen und ignoranten Verhalten angetan hatte. Doch schon nach wenigen Minuten war die Maske wiederhergestellt. Er ging nach Hause, beschimpfte wie gewohnt seine Frau und sein Kind, und alles war wieder beim Alten. Die Tür der Selbsterfahrung wurde wieder erfolgreich geschlossen.

Dieses Verhalten ist typisch. Manchmal erscheint eine Erkenntnis nur für einen Bruchteil einer Sekunde im Bewusstsein, manchmal etwas länger. Aber nie anhaltend. Dem stehen gut funktionierende Schutzmechanismen entgegen, die nur für wenige Augenblicke durchbrochen werden.

Dennoch gibt es unzählige Fälle, wo Psychopathen ihr Verhalten ändern. Aber es macht in der Qualität einen bedeutenden Unterschied, ob sie wirklich ihr Herz öffnen, alte Muster über Bord werfen können und beginnen, zu verstehen und zu lieben, was große, lange und sicherlich sehr bewegende Prozesse wären. Im Allgemeinen erkennen sie lediglich, dass sie mit alten Verhaltensweisen nicht mehr weiterkommen und nur deshalb, sozusagen als neue Strategie, „Plan B" anwenden. Aber immerhin: Wenn man bei ihnen keine Liebe und kein Verständnis erreichen kann, so ist es durchaus möglich, ihnen Respekt und Achtung abzufordern.

Dass dies wirklich das Äußerste ist, was wir erreichen können, lehrt uns die moderne Hirnforschung. Wissenschaftler sind sich seit Langem einig, dass die Fähigkeit, andere Menschen intuitiv verstehen zu können, mit der neurobiologischen Resonanz einhergeht, die sie in uns auslösen.

Der Neurobiologe und Mediziner Joachim Bauer schreibt dazu:

> „Um andere zu verstehen, aktivieren wir die gleichen neuronalen Systeme, mit denen wir unsere eigenen Gefühle erleben. Dies ist die einzige Art und Weise, wie wir überhaupt emo-

tional verstehen können. Spiegelneuronen sorgen dafür, dass die Empfindungen, Handlungen und Absichten des anderen Menschen auf unserem eigenen Instrumentarium nachgespielt werden."

Die Spiegelneuronen veranlassen uns beispielsweise zu gähnen, wenn es andere tun, oder den Mund zu öffnen, wenn wir einem Kleinkind zu essen geben. Wir verziehen unser Gesicht schmerzhaft, wenn sich vor unseren Augen jemand verletzt. Wirkliche Psychopathen weisen jedoch eine veränderte Hirnstruktur auf und ihre Spiegelneuronen zeigen ein abweichendes Verhalten. In verschiedenen Experimenten konnte nachgewiesen werden, dass bei diesen Menschen, im Gegensatz zu den Teilnehmern aus den Kontrollgruppen, keine besondere Aktivierung der Spiegelneuronen stattfindet, wenn sie Bilder oder Filme sehen, in denen andere Personen Schmerzen erleiden.

Inwieweit die Gehirnstruktur der Menschen, die nicht im psychiatrischen Sinne als Psychopathen einzuordnen sind, aber zahlreiche Übereinstimmungsmerkmale aufweisen, Abweichungen aufzeigt, wissen wir nicht. Doch so viel steht fest: Die Natur setzt uns allen große Grenzen, oder mit anderen Worten frei nach Arthur Schopenhauer: Wir können tun, was wir wollen, aber wir können nicht wollen, was wir wollen. Das heißt, wir können im Rahmen unserer Möglichkeiten Entscheidungen treffen, aber wir können nicht ohne Weiteres unseren Rahmen verlassen. Dies gilt aber nicht nur für Menschen mit psychopathischen Merkmalen. Wenn das nämlich so einfach wäre, könnten wir uns hier und jetzt von unseren Ängsten, unserer Wut und allen unliebsamen Eigenschaften verabschieden und uns für ein Leben in bedingungsloser Liebe, Harmonie und Zuversicht entscheiden. Wir alle stecken jedoch in unserer Struktur zumindest so lange fest, bis wir sie deutlich erkennen. Erst dann können wir uns mit viel Achtsamkeit in kleinen Schritten herausarbeiten. Nun, auch hier sehen wir wieder, dass wir alle auf eine gewisse Art im gleichen Boot sitzen.

Psychopathen und die Liebe

Goethe sagte so weise: „Glücklich allein ist die Seele, die liebt." Vielleicht sagen Sie jetzt: „Ja das stimmt, aber mein Partner lässt mich gar nicht lieben, wie ich es kann und möchte. Ich will ja alles geben und mich ganz und gar in ihm verlieren. Aber das Einzige, was ich zurückbekomme, sind große Worte, leere Versprechungen und massenhaft Enttäuschungen.

Was mache ich nur falsch, dass meine Liebe nicht erwidert, sondern lächerlich gemacht und sogar ausgelacht wird? Wenn er schon nicht lieben kann, warum kann er nicht wenigstens meine Gefühle respektieren?"

Verführungskunst und Manipulation

„Wir standen uns so nah, dass es zwischen uns
keinen Platz mehr gab für Gefühle."
Stanisław Jerzy Lec

Wer einen Psychopathen liebt oder mit ihm zusammenlebt, hat mit Sicherheit kein glückliches Los gezogen. Eine dauerhafte und erfüllende Beziehung ist auch ohne dieses Muster schon schwierig genug. Die meisten Menschen glauben, dass als Garant für eine vollkommene Beziehung eine große gegenseitige Liebe ausreicht. Dies würde ich nicht unterschreiben, denn was Menschen das Miteinander im Alltag schwer macht ist die Tatsache, dass jeder viele seelische Verletzungen in sich trägt, die ihren Tribut fordern. Ist zum Beispiel ein Partner krankhaft eifersüchtig, wird dieser Wahn auf kurz oder lang die schönste Liebe zerstören. Oder ist er cholerisch veranlagt und reagiert schnell aufbrausend und wütend, zerstört er auch damit unmerklich die zarte Sehnsucht und Leidenschaft seines Partners. Nur jene, die um ihre Defizite wissen und sie wach und offensiv angehen, anstatt den anderen dafür verantwortlich zu machen, haben eine reelle Chance, ihre Liebe zu schützen.

Aber so eine sensible Wahrnehmung ist Psychopathen fremd. Wir wissen, dass sie unfähig sind, vertrauensvolle Gefühle zuzulassen und weiterzugeben. Nicht weil sie es nicht wollen, sondern weil ihre seelischen Verletzungen und ihre neuronalen Besonderheiten es nicht zulassen. Die gebende Liebe, die enttäuscht werden kann, ist blockiert, auch wenn sie sich tief im Innern nichts sehnlicher wünschen, als endlich geliebt zu werden und in diesem Gefühl sicher zu sein.

Wir alle wollen für unseren Partner das Wichtigste und Begehrenswerteste sein. Ebenso brauchen wir es, bedingungslos mit all unseren Licht- und Schattenseiten geliebt und geschätzt zu werden. Und wir haben große Sehnsucht danach, genauso angenommen zu werden, wie wir sind, ohne Wenn und Aber.

Wir spüren alle, dass wir einmalige Wesen sind voller Individualität und Kreativität und Schönheit, aber durch die jeweilige Lebensgeschichte auch voller Selbstzweifel, Ängste und manch anderer unliebsamer Gefühle. So wünschen wir uns umso mehr von dem Menschen, den wir lieben, dass gerade er uns das schenken kann, was wir uns selbst nicht geben können.

Wer kann das schon, sich selbst auf eine gesunde Art lieben, selbst dann, wenn er es nicht schafft, die eigene, viel zu hohe Messlatte zu erreichen und manchmal am liebsten vor sich selbst davonlaufen möchte? Ich bin in meinem ganzen Leben niemandem begegnet, der einigermaßen reflektiert ist und dies von sich behaupten kann.

Gerade deshalb wünschen sich die meisten Menschen einen Partner, der genau dann für sie da ist, wenn sie sich selbst nicht vorbehaltlos lieben können. Sie wünschen sich, dass er ihnen Hoffnung schenkt, wenn sie zuweilen verzweifeln, und ihnen sicher den Weg weist, wenn sie ihn aus den Augen verloren haben.

Die wenigsten Frauen sind beispielsweise mit ihrem Körper stimmig. Wer steht schon entspannt vor dem Spiegel und akzeptiert wohlwollend seine überflüssigen Pfunde? Selbst wer sich noch so sehr bemüht, sich zu akzeptieren, an seinem inneren Richter kommt er nicht so leicht vorbei. Gerade deshalb ersehnen, ja erwarten die meisten Frauen von ihrem Partner, dass er jeden Millimeter an ihnen schön und begehrenswert findet. So viel zu den menschlichen Sehnsüchten.

Im Erspüren und Erkennen dieser Sehnsüchte sind die Psychopathen – vor allem jene, die mit hohen manipulativen Fähigkeiten ausgestattet sind – wahre Meister und verstehen es unvergleichlich, Herzen zu erobern. Sie lieben nichts mehr als jene Momente, wenn ihr Gegenüber durch ihren Charme wie Wachs in ihren Händen zu schmelzen beginnt. In solchen Augenblicken fühlen sie sich nahezu gottähnlich.

Aber es sind eben nur Worte, nichts als schöne Worte, mit denen sie so zauberhaft jonglieren. Der Empfänger möchte und kann es nicht wahrhaben, dass der verheißungsvolle Traum, der von ihm Besitz nimmt, nur ein oberflächliches Spiel sein soll. Denn es fühlt sich für ihn an, als wäre er plötzlich in einem Märchen erwacht, ähnlich wie Aschenputtel, das von dem schönen Prinzen vor den Augen der bösen Stiefmutter auf sein Schloss geholt wurde. Aber bei Psychopathen werden Märchen keine Wirklichkeit. Sie sind und bleiben nichts weiter als eine Mogelpackung, die kein Happy End verspricht.

Ein geradezu klassisches Beispiel erlebte Maria. Sie ist Anfang 40, lebhaft, hübsch und voller Träume und Fantasie. Kein Wunder, dass ihr Verehrer gerade sie als neue Trophäe begehrte.

> „Ich lernte Johannes auf einer Tagung kennen. Er schien sich sehr für mich zu interessieren. Schon während des ersten Vortrags starrte er mich wie hypnotisiert an, ohne den Worten des Vortragenden zu folgen. In der Pause kam er dann mit seiner ihm ganz eigenen schüchternen Eleganz auf mich zu und fragte mich mit sanfter Stimme, ob ich denn an Wiedergeburt glaube. Er sagte, dass er sich zum ersten Mal in seinem Leben sicher

sei, dass es so etwas wie Reinkarnation geben müsse. Nur so könne er sich erklären, warum sein Herz bei meinem Anblick wie noch nie zuvor in seinem ganzen Leben zutiefst ergriffen sei, obwohl wir uns nicht kennen würden.

Während er redete und redete, schien er ganz und gar in mich hineinzufallen und sich in mir aufzulösen.

Die kommenden Wochen vergingen wie in einem Traum. Johannes sprach davon, wie wunderbar sein Leben wohl geworden wäre, wenn er mich zwanzig Jahre früher hätte kennenlernen dürfen, welch unendlich glücklicher Mensch er heute wäre, wenn wir gemeinsame Kinder hätten. Er sagte, dass er selbst nicht verstehen könne, womit gerade er so eine bezaubernde und wundervolle Frau verdient habe. Er sprach von der Liebe, die ganz sicher in solch reiner Form nie zuvor zwischen zwei Menschen auf dieser Erde existiert haben könne. Und er redete und redete und redete. Und ich begann daran zu glauben, dass es die vollkommene und wahre Liebe gibt, in Johannes. Ich liebte ihn von ganzem Herzen. Ich wusste zuvor nicht einmal, dass ich überhaupt so sehr zu lieben fähig war.

Umso grausamer war der Schmerz, der danach langsam, aber stetig von mir Besitz ergriff und mich fast bis zur Besinnungslosigkeit marterte.

Denn schon sehr bald wurde deutlich, dass den vielen großen Beteuerungen keine Taten folgten. Dennoch wehrte sich alles in mir, dies zu akzeptieren, und ich begann, mir selbst Erklärungsmodelle zu suchen. Vielleicht hätte es sogar geklappt, wenn nicht seine plumpen Versuche, sich mit den haarsträubendsten Ausreden zu rechtfertigen, so ungeheuerlich geschmacklos gewesen wären.

Einmal waren wir beispielsweise zum Abendessen verabredet. Ich saß zwei Stunden im Lokal und wartete vergeblich auf ihn, bevor ich enttäuscht nach Hause fuhr. Insgeheim hoffte ich, dass etwas passiert wäre, um eine Entschuldigung dafür zu haben, dass er nicht abgesagt hatte. Dafür lieferte er aber am darauffolgenden Tag großes Kino.

Er beteuerte, dass ihm kurz bevor er das Haus verlassen wollte, schlagartig klar geworden sei, dass ich einfach zu kostbar sei, als dass er sich mit mir an einem gewöhnlichen Wochentag treffen könne. Ich hätte es verdient, dass unsere gemeinsamen Treffen zelebriert würden wie eine Heilige Messe. Und diese würden schließlich nicht umsonst auf den Sonntag gelegt, den einzigen heiligen Tag in der Woche. Er wolle deshalb lieber allein zu Hause bleiben, um in tiefer Herzensverbindung mit mir den Zauber des Augenblicks nicht zu zerstören.

So sprach Johannes.

Mit der Zeit erfuhr ich mehr und mehr von seinen Lügengeschichten. Parallel dazu verlor er das Interesse an mir. Er wollte eine Frau, die zu ihm aufschaut, und nicht eine, die, wie er es nannte, ihm nachspioniert.

Ich war über lange Zeit tief verletzt und bis ins Mark getroffen. Dabei wusste ich nicht einmal, auf wen ich mehr Wut haben sollte. Auf ihn für sein Theater, durch das ich mich wie ein Kind vorgeführt fühlte, oder auf mich selbst, dass ich so blöd sein konnte und ihm mit seinen Sprüchen auf den Leim gegangen war. Es dauerte viele Monate, bis ich mich von meinem Schmerz erholte und auch erkannte, dass ich mich nicht zu schämen brauchte. Ich hatte geliebt. Mit reinem Herzen geliebt. Und meine Liebe war nicht lächerlich oder kindlich, nur weil ich nicht um die tiefen dunklen Verstrickungen seiner Seelenlandschaft wusste."

Dieses Beispiel zeigt, wie leicht es manchen Psychopathen fällt, ihren Charme zu versprühen und ihre Opfer zu umgarnen. Sie sind Seelendiebe, die viel versprechen und wenig halten, doch das stört sie wenig. Für sie zählen nur der Augenblick und der große Lustgewinn, den sie bei ihren Eroberungen erleben. Genauso schnell werden ihnen Beziehungen wieder überdrüssig und lästig, wenn es nichts mehr zu erobern gibt. Natürlich geben sie trotz allem immer dem Partner die Schuld daran, dass die Beziehung oder die Ehe nicht funktioniert hat. Und oft genug sind diese nach jahrelangen Demütigungen und Verwirrungen schon so destabilisiert, dass sie gar nicht mehr klar denken können und sich zumindest teilweise diesen Schuh noch anziehen.

Eine Klientin berichtete mir, dass sie ebenso wie Maria zu Beginn ihrer Beziehung glaubte, in ein aufgeschlagenes Märchenbuch gefallen zu sein. Ihr Freund war voller Poesie und

Zauber. Aber bald schon merkte auch sie, dass der Zauber sich nicht als alltagstauglich erwies und ihr Partner nichts anderes als eine selbstverliebte, schillernde Seifenblase war.

Als sie beispielsweise einmal spät von der Arbeit nach Hause kam und nichts mehr im Kühlschrank war, rief sie ihn an und bat ihn, ihr eine Pizza zu bringen. Diese Bitte überhörte er geflissentlich, denn schließlich bekommt man eine Pizza ja nicht geschenkt; er begann dafür aber am Telefon von einem gemeinsamen Italienurlaub zu schwärmen:

> „Jetzt habe ich die Idee, mein Schatz. Ich möchte dich einladen, mit mir im Sommer nach Italien in Urlaub zu fahren. Nur du und ich. Dann werden wir jeden Abend in einem romantischen Ristorante am Strand sitzen und beim Rauschen der Wellen die beste Pizza der Welt verspeisen."

Er verlor sich ganz und gar in seinen träumerischen Schilderungen, aber eine Pizza gegen den Hunger besorgte er nicht. Dafür gab es jede Menge Geschichten für den hungrigen Bauch. Selbstredend, dass der Italienurlaub auch nur eine Seifenblase war, die am nächsten Tag schon wieder zerplatzt war.

Ein anderes Mal, als sie eine schwere Grippe hatte, war es ihm leider nicht möglich, sie zu besuchen. Es sei doch logisch, dass er sich auf keinen Fall anstecken dürfe, da er ja fit sein müsse, um seinen Job zu machen. Doch versäumte er nicht, jeden Abend am Telefon zu beteuern, was er alles für sie gerne getan hätte, wenn es ihm denn möglich gewesen wäre:

> „Mein Schatz, ich ertrage es kaum, dass ich dich nicht selbst pflegen kann, und du auf deine Freundinnen angewiesen bist. Was wissen die

schon, was du brauchst. Die können doch nicht einmal richtig kochen. Ja, ich hätte dir ein Süppchen gezaubert, das dich sofort wieder gesund gemacht hätte. Ich würde so gerne den ganzen Tag an deinem Bett sitzen und deine Hand halten. Und jede Stunde würde ich deine Kissen aufschütteln und dich verwöhnen, wie du es in deinem ganzen Leben noch nie erlebt hast."

Ja, all das hätte er angeblich gemacht. Hätte, nicht hatte. In Wirklichkeit kam er die ganze Woche nicht ein einziges Mal vorbei, zog mit seinen Freunden um die Häuser und rief am späten Abend für zehn Minuten an, um mitzuteilen, was er soooo gerne für sie getan hätte.

Diese Typen sind große Worthelden, die zwar nicht wirklich da sind, wenn man sie braucht, doch dafür haben sie immer einen passenden Spruch auf den Lippen. Wenn sie sich dann auch noch, wie in diesem Fall, mit ihrer Abwesenheit rühmen und jene herabsetzen, die zur Stelle sind, wenn man sie braucht, ist es schon sehr schwer auszuhalten. Auch diese Beziehung hielt nicht lange und hinterließ tiefe seelische Wunden.

Beziehungsvarianten der besonderen Art

So groß die Psychopathen im Erobern sind, so bedrohlich kann ihnen eine Beziehung erscheinen, wenn sie beginnt, feste Formen anzunehmen und verbindlich wird. Dann ist für viele der Zeitpunkt gekommen, den taktischen Rückzug anzutreten und sich aus dem Staub zu machen. Dann suchen sie nach allen möglichen Gründen, die Beziehung zu beenden. Eine sehr beliebte und tückische Strategie ist dabei die Verwendung von Schuldzuweisungen. Hatte der Partner in der Beziehung beispielsweise Sehnsucht nach Nähe, wird ihm das nun als „Erdrücken" vorgeworfen. Zeigte er sich interessiert und wollte öfter wissen, wie der Tag so war, wird es im Nachhinein gerne als „Nachspionieren" angekreidet usw. So werden die Tatsachen verdreht, und der hilflose Partner wird für sein angeblich eigensüchtiges Benehmen zur Verantwortung gezogen. Bedauerlich ist vor allem, dass viele diese Dynamik nicht durchschauen und sich mit den künstlich herbeigeführten Schuldgefühlen herumschlagen oder Besserung geloben.

Manche bereiten ihrem Partner so viele schmerzliche Erfahrungen, dass er es nicht mehr aushält und sich zurückzieht. Doch vielen von ihnen sind die eigenen Inszenierungen nicht einmal bewusst, und sie gehen sich selbst mit ihren Nähe-Distanz-Spielchen auf den Leim.

Aber wollen psychopathische Menschen niemals feste Beziehungen? Nicht wirklich, denn im Grunde sind sie eher Bindungsphobiker, die vor stabilen Beziehungen flüchten. Dennoch heißt das nicht zwingend, dass alle generell nach wechselnden, unverbindlichen und inkonsistenten Beziehungen streben. Finden sie nämlich einen Partner, der bedingungslos zu ihnen aufschaut, sie verehrt und ihnen ein großes

Maß an Freiheit einräumt, sind sie durchaus auch zu längerfristigen Beziehungen fähig. Dies heißt aber noch lange nicht, dass sie sich fallenlassen und hingeben können.

Es gibt noch andere Gründe für sie, eine Beziehung langfristig zu führen. Möglicherweise, weil es in ihrer Vorstellung der gesellschaftlichen Norm entspricht, verheiratet zu sein, oder weil der Partner finanzielle Sicherheit bietet, weil die Unterstützung im Alltag angenehmer ist, als allein zu leben, und weil Scheidungen Geld kosten, eventuell der Besitz geteilt wird usw.

Auch bei emotional gescheiterten Bindungen sind für sie unter Umständen noch viele Vorteile einer festen Beziehung gegeben. Hans, ein Mann im fortgeschrittenen Alter mit sehr starker psychopathischer Prägung, beichtete einmal verschmitzt:

> „Ich würde zwar ein spannendes Junggesellenleben bevorzugen, aber eine Ehe hat auch ihre guten Seiten. Meine Frau wäscht meine Kleidung, geht einkaufen, kocht mein Essen und putzt die Wohnung. Und wenn ich alt bin, wird sie mich pflegen.
>
> Ob das schlimm ist, wie ich denke? Nein. Sie merkt das doch nicht. Ab und zu schenke ich ihr einen Blumenstrauß, damit sie sich als etwas Besonderes fühlt."

Aber was passiert, wenn zwei Psychopathen in einer Beziehung aufeinandertreffen? Obwohl solche Verbindungen nicht die Regel sind, kommt es doch immer wieder vor, dass das Unerwartete geschieht. Dann tun sich in vielerlei Hinsicht Abgründe auf. Große Demütigungen und harte Kämpfe mit tiefen Verletzungen sind dann an der Tagesordnung. Ich war schon mehrere Male Zeuge solcher Machtkämpfe, die mit Worten nicht zu beschreiben sind.

Aber es gibt auch Menschen, die in großer Abhängigkeit sind und sich den Erwartungen ihrer kranken Partner dermaßen beugen, dass sie nur noch deren Wünschen folgen, um nicht verlassen oder um anerkannt zu werden. Durch solch devotes Verhalten kann der andere oftmals ein gewisses Maß an Vertrauen – oder besser: berechnete Verlässlichkeit – aufbauen. Das heißt aber noch lange nicht, dass er seinen Partner liebt oder schätzt oder ihm treu bleiben wird. Es heißt nur, dass er sich in Sicherheit wiegen und ihn möglicherweise für seine Ziele gut gebrauchen kann. Mehr nicht. In solch einem Fall kann er sich durchaus oberflächlich mit dem Gedanken an Ehe oder Partnerschaft arrangieren.

Dass aber Lebenspartner ihre eigenen Bedürfnisse für nichts und wieder nichts aufopfern, scheint für mich kein akzeptabler Weg. Das eigene Leben ist zu wichtig, um seine Bedürfnisse aufzugeben. Wir haben in erster Linie nicht die Verantwortung für andere, sondern für uns selbst. Wenn wir ganz und gar das Leben eines Anderen leben, werfen wir das eigene möglicherweise weg.

Ich erinnere mich an einen Klienten, der mir berichtete, dass er über Jahrzehnte daran geglaubt hat, dass seine Frau ihn liebe. Als ich ihn fragte, woher er sich so sicher sei, antwortete er, dass es doch selbstverständlich wäre, dass man sich in einer Ehe liebe. Er erfüllte widerspruchslos alle Anordnungen, die sie einforderte. So schien im Alltag alles in Ordnung zu sein. Als er jedoch eines Tages damit begann, eigene kleine Bedürfnisse anzusprechen, entbrannte ein unerbittlicher Kampf, und die traurige Wahrheit offenbarte sich ihm, dass er nur deshalb akzeptiert war, weil er sich all die gemeinsamen Jahre über untergeordnet hatte. Von Liebe, echter Liebe, keine Spur. Völlig niedergeschlagen berichtete er von einem Gespräch, in dessen Verlauf ihm seine Frau offen kundtat:

> „Liebe gibt es von mir nur, wenn du dich an die Absprachen hältst."

Das Wort „Absprachen" war eine nette Verharmlosung, es ging um klar definierte Forderungen. Wenn er ein bisschen Zärtlichkeit wollte, musste er mindestens zuvor den Speicher oder den Keller aufräumen oder sonst etwas für sie Wichtiges tun. Man sieht, diese Frau weiß nicht viel von der Liebe. Für sie ist das, was sie für Liebe hält, nichts anderes als ein Zahlungsmittel, mit dem sie Anpassung und Unterordnung honoriert. Liebe ist uns im Herzen gegeben. Man kann sie nicht erzwingen und nicht kaufen oder um sie handeln. Ebenso wenig wie man sie zurückhalten kann, wenn das Herz überfließt.

Die hier aufgeführten Beispiele sind zwar schmerzhaft, doch noch relativ harmlos gegenüber jenen Beziehungen, bei denen noch hohe aggressive Impulse und wesentlich mehr Kaltblütigkeit mitspielen. Die Partner solcher Menschen bleiben nicht nur mit einem gebrochenen Herzen zurück, sondern haben meistens ihr Selbstbewusstsein eingebüßt, sind oft hoch verschuldet und sehen ihr Leben nur noch als einen großen Scherbenhaufen. Ich habe bewusst auf solche Beispiele verzichtet, weil diese Eindrücke – auch wenn man die Betroffenen gar nicht kennt – sehr belastend sind und man sich nur schwer von diesen Bildern wieder lösen kann.

Zum Schluss möchte ich noch einen wunderschönen Gedanken von Maria wiedergeben, der ihr in den letzten Monaten nach ihrer tragischen Beziehung bereits den Weg in ein neues Leben mit Freude und Hoffnung versprach:

> „Die gute Nachricht ist, auch wenn Johannes so unglaublich verletzend zu mir war – da draußen wartet eine schöne Welt mit liebevollen Menschen und wunderbaren Dingen auf mich. Es gibt keinen Grund, im Leid zu ertrinken. Ich fühle zeitweise wieder ganz zart, wie mein Leben zu mir zurückkehrt."

Ja, es wird einen Neuanfang für sie geben. Und da sie aus den gemachten Erfahrungen viel gelernt hat, wird sie in ihrer nächsten Beziehung sicherlich besser zwischen Illusion und Wirklichkeit unterscheiden können.

Dafür, dass sie in der Vergangenheit die Wahrheit nicht sehen konnte, muss sie sich keine Vorwürfe machen. Für ein großes liebendes und vertrauensvolles Herz braucht sich niemand zu schämen.

Was passiert, wenn der Psychopath verlassen wird?

„Es ist leichter, eine Kränkung zu rächen, als sie zu ertragen."

Leo Tolstoi

Der Psychopath ist in aller Regel derjenige, der verlässt, und nicht der, der verlassen wird. Menschen mit dieser Neigung sind viel zu stolz, als dass sie eine Entscheidung, die sich gegen sie richtet, kampflos hinnehmen. Sie verzeihen es nicht, als der Verlassene, sozusagen als Verlierer, dazustehen, denn dieser Gesichtsverlust verletzt ihren Stolz. Außerdem sind ihre Partner für sie ja eine Art persönliches Eigentum, über das nur sie allein entscheiden können.

Ich weiß von einem Mann, der sich maßlos geärgert hatte, als seine Frau ihn verließ, obwohl er sich selbst bereits den Kopf zerbrochen hatte, wie er sie am besten loswerden könnte. Er war völlig verärgert:

> „Ich lasse mich von niemandem wegschicken.
> Ich bin immer noch derjenige, der bestimmt,
> wann meine Beziehung beendet wird."

Diese Menschen können die Entscheidungen ihrer Partner nicht ohne Weiteres akzeptieren und setzen alles daran, sie zu überrumpeln und für sich zurückzugewinnen. Vielversprechende Vorgehensweisen sind in erster Linie Schuldgefühle für ihr angebliches Leid zu erzeugen oder Mitleid für ihre doch so verletzten Gefühle zu wecken, verbunden mit wortreichen Versprechungen für Neuanfänge. Oft sollen Überraschungen und große Geschenke dies unterstreichen. Scheitern diese Versuche, werden auch Drohungen eingesetzt. Charaktere mit hohem Aggressionspotenzial schüchtern ihre Partner beim ersten Anzeichen einer Trennung mit psychischer oder körperlicher Gewalt ein.

Doch man kann sich auch gegen sie behaupten, wenn man ihre wunden Punkte kennt. Die Unfähigkeit, mit Gesichtsverlust umzugehen, ist eine Schwachstelle, die man nutzen kann, um sich vor eventuellen Rachefeldzügen zu schützen. Muss ein Psychopath darum fürchten, dass sein geplanter Angriff für ihn spürbare negative Konsequenzen nach sich zieht, wird er aller Wahrscheinlichkeit nach davon Abstand nehmen. Also lohnt es sich in solchen Fällen durchaus, Courage zu zeigen, ihn selbstbewusst auf seine Grenzen hinzuweisen und ihm klar zu machen, dass er dunkle Flecken auf seiner vermeintlich weißen Weste hat, deren Bekanntwerden ihm schaden würde.

Irmgard berichtete mir stolz, dass sie es geschafft hatte, ihrem Mann nach der Trennung zum ersten Mal den Schneid abzukaufen, was er nie und nimmer von ihr erwartet hätte. Denn er ging natürlich davon aus, dass seine gut durchdachten Drohungen auch weiterhin Wirkung zeigen würden. So sagte er:

> „Ich bin schließlich nicht schuld, dass wir uns trennen. Das hast ganz allein du zu verantworten. Deshalb werde ich selbstverständlich das Haus und die Ersparnisse behalten. Wenn du mir Ärger machst, wirst du mit deiner Familie nicht mehr sicher vor mir sein und mit dem Schlimmsten rechnen müssen. Ich werde deinem Arbeitgeber berichten, was für eine Schlampe du bist.

Und deiner Familie und deinen Freunden werde ich solche Geschichten auftischen, dass dich keiner mehr sehen möchte."

Mit etwas Derartigem hatte Irmgard gerechnet, da sie die Machenschaften ihres Mannes lang genug kannte. Sie ließ ihn von ihrem Rechtsanwalt daraufhin auffordern, steuerliche Belege vorzulegen, von denen sie wusste, dass sie in seiner Buchhaltung nicht existierten, und drohte außerdem mit einer Verleumdungsklage. Das erzeugte bei ihm so viel Respekt, dass er es nicht wagte, seine geplanten Attacken umzusetzen. Er war eben nur mutig im Austeilen, aber nicht im Einstecken.

Es ist wirklich sehr bedauerlich, auf solche Mittel zurückgreifen zu müssen, aber es ist unter Umständen die einzige Möglichkeit, sich vor großem Schaden und tiefen emotionalen Schmerzen zu schützen.

Wer sich von einem Psychopathen trennen möchte, kann auch folgende wirkungsvolle Taktik anwenden: Machen Sie sich für den Partner ganz und gar unattraktiv. Zeigen Sie sich in den kommenden Tagen und Wochen an seiner Person uninteressiert, aber auch allgemein gelangweilt, müde, nicht beeindruckbar usw. und vermeiden Sie persönliche Mitteilungen, aber auch Schuldzuweisungen. Vernachlässigen Sie alle Bereiche im Alltag, die ihm wichtig sind. Wenn er sich dann nicht mehr wahrgenommen fühlt, seine Bedürfnisse nicht mehr befriedigt werden und er obendrein nur noch Sätze hört wie:

„Ich weiß auch nicht, was mit mir los ist",
„ich kenne mich selbst nicht mehr",
„mir macht gar nichts mehr Freude",
„ich möchte am liebsten alleine sein".

Oder wenn er seine eigenen Worte wiederholt sieht:

> „Du hast recht, ich bin langweilig",
> „es ist wahr, ich bin wirklich nur ein Mauer-
> blümchen",
> „mit mir muss man sich schämen",
> „du hast etwas Besseres verdient" usw.

fühlt er sich nicht unmittelbar als Person zurückgewiesen. Er wird außerdem weniger um Sie kämpfen als um jemanden, der ihm Aufmerksamkeit schenkt, seine Bedürfnisse erfüllt und ihn wichtig nimmt. Er kann im Freundes- und Bekanntenkreis den Grund der Trennung auf Ihre schlechte Gemütsverfassung schieben und sich damit entlasten.

Wie gesagt, für einen solchen Menschen ist sein Partner ein persönlicher Besitz. Und es macht einen großen Unterschied, ob er eine kostbare Antiquität verliert oder einen alten Kochtopf. Je mehr der Partner ihn langweilt, desto eher lässt er ihn gehen, weil er von der Sehnsucht erfasst wird, sich wieder ein neues Opfer zu suchen, das auserkoren ist, zu ihm aufzuschauen. Denn alles, was ihm nichts nützt, ist ihm nur eine Last und ein Klotz am Bein. Er wird sich gewiss nicht zum barmherzigen Samariter wandeln.

Sexualität

„Wir alle müssen mit unseren Enttäuschungen leben – ich muss mit meiner schlafen."

Al Bundy

Wer eine Beziehung mit einem Psychopathen eingegangen ist (hier spreche ich wieder vorwiegend von der männlichen Gattung), erfährt sicherlich keine befriedigende Sexualität. Natürlich können ein großes schauspielerisches Talent und ein aufgeblasenes Charisma über manches hinwegtäuschen. Aber da Psychopathen sich echter Gefühle nicht erfreuen können und von Kontrolllust und Dominanzverhalten gesteuert sind, wird gerade Sexualität zwangsläufig zum Powerplay missbraucht. In der Psychologie geht man davon aus, dass Psychopathen ein triviales Sexleben haben.

Psychopathen kennen die Gefühle echter Liebe und Hingabe nicht, weshalb sie sich auch nicht mit dem Herzen fallen lassen können. Sie lieben vielmehr die Lust am Erobern und die Lust am Beherrschen. Haben sie aber mit ihren Eroberungen Erfolg, wird ihnen auch das relativ schnell wieder langweilig. Viele von ihnen bevorzugen deshalb nach außen hin eine dauerhafte Ehe als sichere Basis, um dennoch ständig wechselnden Abenteuern nachzugehen.

So berichtete mir beispielsweise Kerstin von ihrem Bruder:

> „Mein Bruder lässt in puncto Frauen nichts, aber auch gar nichts anbrennen, wie er es nennt. Jede Frau kann und muss von ihm verführt werden. Sogar jene, die ihm überhaupt nicht gefallen. Er

sagt, dass er dann vorher halt zwei Bier mehr trinken muss als sonst, um das zu übersehen. Er benutzt Frauen als Trophäen für sein Ego und brüstet sich damit. Er verletzt mit seiner Zwangsbeglückung nicht nur die Seelen seiner Opfer, sondern auch noch deren Ruf. Unter seinen Kumpeln fühlt er sich dann ganz groß und breitet jedes Detail aus, wie die Frauen in seinen Händen geschmolzen und ihm vollkommen ergeben gewesen sind."

Er wird nie realisieren, dass die Frauen ihn allesamt nur widerlich fänden, wenn sie seine Intrigen und animalischen Beweggründe durchschauen würden. Aber da er nicht reflektiert und sich einfach unschlagbar findet, bleibt er in seinem Wahn gefangen und konsumiert weiter.

Ganz anders aber geht es zu, wenn zwei Psychopathen Liebe „machen". Hans, den ich im vorhergehenden Kapitel bereits erwähnte, sprach ganz offen über seine sexuellen Wünsche:

> „Am meisten begehre ich junge, knackige Frauen. Aber manchmal schlafe ich auch mit meiner Frau, selbst wenn es mich ziemlich langweilt. Ich stelle mir dann einfach vor, dass jemand anderes neben mir liegt. Was soll's. Opfer müssen wir alle bringen."

Seine Frau berichtet ihrerseits in ihrer Frauengruppe etwas ganz Ähnliches:

> „Es ekelt mich, wenn mein Mann mit mir schlafen möchte. Ich gehe schon extra spät ins Bett,

> weil er dann meistens schläft. Aber manchmal
> ist er halt noch wach. Wenn er dann etwas von
> mir will, drehe ich mich einfach zur Seite und
> lenke mich mit Schäfchenzählen ab. Irgend-
> wann spiele ich ihm dann einen Orgasmus vor,
> dass er zufrieden ist."

Für gesunde Menschen ist so eine Beziehung ein Albtraum,
für diese beiden ist es aber offensichtlich eine praktikable All-
tagslösung.

Selbstverständlich müssen nicht alle Beziehungen mit solchen Menschen so abschreckend vor sich gehen. Jene mit hohen Manipulationskünsten haben wie gesagt unter Umständen viel Freude daran, ein perfektes Schauspiel abzuliefern.
Aber es bleibt eben eine Komödie, wenn auch möglicherweise
eine sehr gute.

Wer in einer unglücklichen emotionalen Beziehung mit solch
einem gefühlskalten Menschen steht oder gestanden hat, darf
sich damit trösten, dass die Zeit gegen ihn läuft. Denn auch
er wird älter, und die Eroberungen und Angebereien werden
damit immer schwieriger und seltener. Sicherlich wird er alle
Möglichkeiten ausschöpfen, um wesentlich jüngere Frauen
weiterhin zu ködern, aber er lernt dennoch, dass er viel dafür
bezahlen muss. Und wenn er alt geworden ist, wird er merken, dass man wirkliche Freunde und Lebensgefährten nicht
kaufen kann.

Frauen mit psychopathischen Veranlagungen sind in aller
Regel keinem sexuellen Wahn verfallen. Ein Grund, dass
sie Probleme haben, einen Orgasmus zu erreichen, ist der
fehlende Bezug zur eigenen Weiblichkeit, ebenso das dazu

nötige Sich-fallen-lassen- und Sich-hingeben-Können. Aber wenn der Beischlaf schon nicht zu vermeiden ist, benutzen sie ihn gerne, um ihre Wünsche durchzusetzen. So können sie all das bekommen, was sie ohne Sex nicht so einfach haben könnten.

Das Ganze betrachten sie dann unter rein sportlichen Gesichtspunkten. Gabi, eine dieser Frauen, erzählte bei einem Kaffeekränzchen einmal, dass sie ihrem Mann einen Orgasmus vorspielt und dabei absolut überzeugend ist. Und nach dem Verkehr fragt sie ihn jedes Mal stolz: „Na, wie war ich?"

Für solche Personen ist alles eine Frage der Inszenierung, und oft genug wird auch hier nicht viel Mühe darauf verwendet, dies zu vertuschen.

Eltern mit der psychopathischen Struktur

„Eltern gibt es, die wickeln ihre Kinder in Lügen
und schlagen dann die Wahrheit heraus."
Manfred Hinrich

Doch später beklagen sie sich, dass man nicht zu ihnen aufschaut, sie bewundert und zum großen Vorbild nimmt.

Nestwärme als Mangelware

Kinder, die bei psychopathischen Eltern oder in einer Familie mit einem psychopathischen Elternteil aufwachsen, stehen einer sehr schwierigen Aufgabe gegenüber. Denn das natürliche Bedürfnis eines jeden Kindes ist, bedingungslos geliebt, gepflegt und beschützt zu werden. Kinder möchten in eine Welt geboren werden, in der sie erwartet und angenommen sind. Sie wollen glücklich und unbeschwert heranwachsen. Diese grundlegenden Bedürfnisse sind uns allen zu eigen und können durch nichts ersetzt oder kompensiert werden. Das ganze Glück und Sehnen eines hilflosen Kindes liegt ungeschützt in den Händen seiner Eltern oder seiner jeweiligen Bezugspersonen.

So sind diese Bedürfnisse aber auch der Nährboden vielschichtiger Probleme. Denn Menschen mit dieser ausgeprägten Neigung haben den Zugang zu ihren tiefen Gefühlen verloren. Dies schützt sie davor, nicht wieder und wieder, wie sie es selbst in ihrer Kindheit erfahren haben, enttäuscht zu werden. Diese Unfähigkeit, wahre Gefühle zu zeigen bzw. wahrnehmen zu können, ist ihnen sicherlich nicht bewusst. Sie reißen ihre Kinder, die sich einer unglaublich tiefen Emotionalität erfreuen, nach und nach aus ihrer Welt voller Magie und Träume heraus und konfrontieren sie zwangsläufig mit ihren eigenen seelischen Wunden und Defiziten.

Ich habe einmal einen krassen Fall erlebt, als ich eine Freundin nach der Entbindung im Krankenhaus besuchte. Ihre Bettnachbarin maßregelte sogar schon ihr neugeborenes Kind, weil es gerade nicht an der Brust trinken wollte, mit hartem Nachdruck in der Stimme: „Mein liebes Fräulein, wenn du denkst, du kannst mich mit deiner Sturheit tyrannisieren, dann hast du dich aber getäuscht."

Als sie die erschrockenen Gesichter der umstehenden Menschen sah, setzte sie tough hinterher: „Die Kleine soll ruhig von Anfang an merken, dass sie mit diesen Sachen bei mir nicht durchkommt."

Die Mutter hatte die Reaktion ihres neugeborenen Kindes, wohl wegen ihrer eigenen seelischen Unzulänglichkeit, als bewusste Ablehnung gegen ihre Person interpretiert und ihm daraufhin nicht nur gedroht, sondern ihm auch ein unmögliches kognitives Verständnis abgefordert. Das war ungeheuerlich.

Durch den großen Mangel der Psychopathen an Verständnis, Liebe und dem Unvermögen, sich in die Gefühle ihrer Kinder hineinzuversetzen, werden bittere Enttäuschungen und Zurückweisungen zur Tagesordnung. Begehren die Kinder dagegen auf, kommen oft Sätze wie:

> „Sei nicht so empfindlich",
> „stell dich nicht so an",
> „dich muss man wie ein rohes Ei behandeln",
> „reiß dich mal zusammen",
> „leg dir endlich mal ein dickeres Fell zu",
> „heul' hier nicht herum",
> „sei nicht immer gleich eingeschnappt",
> „sei nicht so kindisch",
> „als ich so alt war wie du ..." usw.

Sie deklarieren ihre eigenen Schwächen als Tugend und setzen lieber ihre Kinder durch Schuldzuweisungen ins Unrecht. So wachsen die Kinder mit großen emotionalen Defiziten heran, die sich auf allen Ebenen ihres Lebens ausbreiten. Denn es ist nicht nur die zärtliche und vertrauensvolle Liebe, die ihnen verweigert wird, sie müssen den Kampf mit der tiefen Wunde dieser Menschen aufnehmen. Denn wer sich schnell verraten fühlt, misstrauisch, unberechenbar usw. ist, zeigt ein höchst ambivalentes Verhalten.

Hinzu kommt, dass solche Eltern eine Vorliebe für große Worte und Versprechungen haben. Sie versprechen auch dann das Blaue vom Himmel, wenn sie wissen, dass sie das Versprochene nicht halten werden. So sind ihre Kinder gezwungen, die seelischen Wunden der Eltern auszuhalten, obwohl sie am allerwenigsten etwas dafür können. Und was geschieht dabei mit ihnen?

Sie sind hilflos, da sie nichts von Strukturen und Mustern wissen, die tief verborgen im Unterbewusstsein ihrer Eltern vergraben sind. Sie beziehen alle unangenehmen Erfahrungen auf sich, gegen ihre eigene Person. Sie glauben fest daran, dass sie es nicht wert sind, geliebt und geachtet zu werden, dass sie es nicht wert sind, dass Versprechen eingehalten werden, und dass folglich ihre eigene Person mit allen dazugehörenden Bedürfnissen keine wirkliche Lebensberechtigung hat.

Der Glaubenssatz, der sich tief eingräbt und das ganze Leben prägt, heißt:

Ich bin nicht gut genug.

Tanja berichtete mir von dem tiefen Schmerz, den ihr Sohn durch seinen abnormen Vater erleiden musste:

> „Das letzte Mal, als wir etwas von Christians Vater hörten, war zu seinem achten Geburtstag. Danach war er verschwunden. Vier Jahre später meldete er sich plötzlich wieder unverhofft am Telefon und entschuldigte sich reuevoll für

sein unverzeihliches Verhalten. Er wollte alles wiedergutmachen und Christian zu einem gemeinsamen Campingurlaub einladen. Der Kleine war so unbeschreiblich glücklich, dass sein Vater sich wieder meldete und obendrauf mit ihm allein einen Abenteuerurlaub machen wollte, dass er ganz aus dem Häuschen war. Mir persönlich bereitete der Gedanke zwar heftige Bauchschmerzen, ich wollte aber meinem Sohn die Freude nicht verwehren.

In den nächsten drei Wochen folgten mehrere Telefonate mit allen erforderlichen Absprachen, und irgendwann kam dann endlich der ersehnte Tag der Abreise. Christian saß schon seit dem frühen Morgen im Wohnzimmer mit seinem Rucksack und seiner nagelneuen Campingausrüstung und blickte aus dem Fenster. Bis zum Abend. Aber sein Vater kam nicht und meldete sich auch nicht.

Ich konnte den Jungen irgendwann nicht mehr beruhigen; er weinte stundenlang, bis er vor Erschöpfung endlich einschlief. Mitten in der Nacht kam er in mein Schlafzimmer und sagte mir, dass der Papa ganz sicher tot sei, weil er ansonsten gekommen wäre oder wenigstens angerufen hätte. Ich versuchte, ihn sofort zu trösten, und versicherte ihm, dass der Papa noch am Leben sei. Aber zu meiner Überraschung wollte er gerade das nicht hören. Er wurde unglaublich wütend auf mich und sagte, dass er sich ganz sicher sei, und dass das nicht so schlimm wäre. Der Papa sei ja sonst auch nicht da."

Was Christian sich innerlich zurechtgelegt hatte, ist ein verbreitetes Phänomen. Offensichtlich ist bei einer solchen Ohnmacht der Verlust durch den Tod einfacher zu verkraften als die bittere Erkenntnis der vermeintlichen Wertlosigkeit, die sich tief in die Seele brennt. Für den psychopathischen Vater war diese Aktion nicht der Rede wert. Er meldete sich erwartungsgemäß wieder ein paar Jahre danach und beteuerte, dass ihm jetzt erst klar wurde, wie wichtig ihm sein Sohn sei. Schade, dass ihm nie klar gewesen ist, dass das Leben sich nicht nur um seine kurzweiligen Bedürfnisse dreht, sondern dass sein Sohn ihn verlässlich gebraucht hätte.

Aber diesmal kam er zu spät. Der Schmerz, den der Junge erlitten hatte, war zu groß. Er wollte seinen „biologischen Erzeuger", wie er ihn später nur noch nannte, nie mehr wiedersehen.

Ganz anders wieder erging es Theresa. Sie berichtete mir, dass ihr Vater sie während ihrer ganzen Kindheit hinweg gedemütigt und keinen noch so kleinen Versuch ausgelassen hatte, ihr Selbstbewusstsein zu zerstören. Er schlug sie, beschimpfte sie wegen jeder Kleinigkeit, nannte sie nie bei ihrem Namen und erzeugte durchgängig Situationen, in denen sie von vornherein nur verlieren konnte. Es bereitete ihm eine tiefe Befriedigung, sie emotional zu demontieren. Auch die unbedeutendsten Gelegenheiten im Alltag nutzte er für seine Tyrannei:

> „Ich musste beispielsweise oft beim Kochen helfen. Unter anderem war es meine Aufgabe, den Salat zuzubereiten. Aber nicht ein einziges Mal konnte ich es meinem Vater recht machen. Hatte ich mehr von den äußeren Blättern des Salatkopfes in die Schüssel gezupft, machte dies den

Salat seiner Aussage zufolge ungenießbar, weil er dann angeblich wie Leder schmeckte. Nahm ich aber weniger der äußeren Blätter, dann fehlte dem Salat das Blattgrün, was ja gerade das Gesündeste sei und weshalb man überhaupt Salat esse. Das Gleiche galt natürlich für die Zubereitung der Marinade. Ich konnte es drehen und wenden, wie ich wollte, ich war dafür zu blöd.

Auch beim Kuchenbacken konnte ich seine selbst erfundenen Standards nicht erfüllen. Der Marmorkuchen beispielsweise hatte nie das richtige Muster. Da aber bekanntlich das Auge mitisst, war das Aussehen von ebenso großer Bedeutung wie der Geschmack. So war meinem Vater, schon als er mir mit seinem abschätzigen Lächeln beim Backen über die Schulter sah, klar, dass der Kuchen nicht gelingen konnte. Dazu fehlte mir, wie er meinte, der gewisse Schwung in der Hand, den man braucht, wenn man den hellen und den dunklen Teig in der Form miteinander vermischt. Später beim Aufschneiden konnte er sich dann genüsslich von seinen schlimmsten Befürchtungen überzeugen. Schade nur, dass er sich dabei nie im Spiegel gesehen hatte, sonst wäre er sicher selbst über sein hässliches, diabolisches Lächeln erschrocken."

Ich brauche wohl nicht zu erwähnen, dass es Theresa nie gelungen war, ihren Vater dazu zu bewegen, den Teig einmal selbst vorbildlich zu vermengen. Diese Blöße wollte er sich nicht geben. Erstens wusste er auch nicht, wie er es anstellen sollte, und zweitens ging es ihm ja einzig und allein um Schikane.

Das Paradoxe an seinem Verhalten war jedoch, dass er bei anderen Gelegenheiten Theresa vorwarf, dass aus ihr keine Persönlichkeit geworden sei, zu der andere aufschauen könnten. Dass es seine eigenen Verdienste waren, wirklich alles zu vereiteln, was auch nur einen Ansatz von Selbstbewusstsein hätte entstehen lassen können, sah er nicht.

Als Theresa ihr Elternhaus verließ, fühlte sie sich wie eine dünne Glaskugel, die in Abertausende Scherben zerbrochen war. Erst viele Jahre später konnte sie im Rückblick erkennen, dass nicht ihr Vater, sondern sie die Starke war, da sie ansonsten diesen ganzen Wahnsinn gar nicht überstanden hätte. Und nach und nach konnte sie sich von diesen negativen Gefühlen lösen und in tiefen Heilungsprozessen ihre eigene Kraft entdecken.

Jeder kann lernen, sich von seinem internalisierten Eltern-Ich zu verabschieden und sich auf den Weg zum eigenen, wahren Selbst machen. Selbst wer keine skrupellosen Eltern in der schlimmsten Ausführung gehabt hat, hat wahrscheinlich genügend Defizite erfahren, die ein leichtes und unbeschwertes Leben verhindern. Jeder Mensch kann jederzeit damit beginnen, sich von den destruktiven Bildern der eigenen Eltern, die es einem unmöglich machten zu erfahren, wie wunderbar man selbst in Wirklichkeit ist, zu verabschieden. Auch wer lange geglaubt hat, sich nicht dagegen wehren zu können, kann heute und jetzt damit beginnen.

Es geht darum, die alten Zöpfe, die einen verletzt und begrenzt haben, ein für alle Mal abzuschneiden und das eigene Leben selbst in die Hand zu nehmen. Niemand kann seine Kindheit rückwirkend ungeschehen machen. Darum geht es auch gar nicht. Aber als Erwachsener ist es die persönliche Entscheidung, sich von diesen Kränkungen und Beschränkungen zu befreien und sich auf den Weg der Heilung zu begeben oder in der Vergangenheit zu verweilen.

Die Menschen, die sich vor allem durch psychopathische Abwehrmechanismen schützen, haben selbst schreckliche Dinge erlebt, ehe sie sich diesen Panzer zugelegt haben. Das soll ihr Verhalten nicht entschuldigen und erst recht nicht bedeuten, dass man sich weiterhin von ihnen beherrschen lässt. Aber es erklärt, dass ihr Verhalten nichts mit dem fehlenden Wert anderer, sondern mit ihrem eigenen Mangel zu tun hat.

Franziska etwa hatte es vorbildlich geschafft, sich aus dieser Falle zu befreien:

> „Mein Vater kennt nur sich selbst, auch wenn er stets bemüht ist, nach außen das Bild eines sozialen Menschen abzugeben. Er hatte mir zum Beispiel vor Jahren einmal mit großen Gesten einen hohen Geldbetrag geschenkt. Ich konnte zunächst gar nicht glauben, dass kein Haken an der Sache sein sollte, da Großzügigkeit und Selbstlosigkeit ganz und gar nicht zu ihm passten. Und leider sollte ich wieder recht behalten. Denn schon kurze Zeit später kam er auf mich zu und verlangte ihn ohne viel Umschweife und ohne jegliche Peinlichkeit von mir zurück.
>
> Was der wirkliche Grund war, weshalb er sein Geld kurzfristig bei mir parken wollte, werde ich wohl nie erfahren. Im Nachhinein denke ich mir, dass er die Schenkung vielleicht deshalb vorgetäuscht hatte, weil er dadurch einen rentablen Steuervorteil abschöpfen konnte, oder weil sein Konto für kurze Zeit kein Guthaben aufweisen sollte. Irgendetwas in der Richtung

muss es wohl gewesen sein. Denn alles, was er für meine Geschwister und mich bis heute getan hatte, war immer auf irgendeine Art skrupellos und zu seinem eigenen Vorteil gewesen.

Als wir beispielsweise vor Jahren unser Haus umgebaut haben und von der Bank nur einen Teil des erforderlichen Kapitals bekommen sollten, bot er uns großzügig ein Privatdarlehen an. Allerdings war der Zinssatz fast doppelt so hoch wie der übliche Bankzins. Und er ließ sich in das Grundbuch eintragen. Er schämte sich überhaupt nicht, unsere Zwangslage auszunutzen, nein, er rühmte sich noch in der ganzen Familie damit, dass man so einen Vater lange suchen muss, der allezeit seinen Kindern selbstlos zur Seite steht. Dass er daran wuchermäßig verdiente, vergaß er allerdings zu berichten. Aber Kleinigkeiten waren ja noch nie sein Thema. Komisch, dass er sich bei all den unzähligen schäbigen Versuchen, von uns zu profitieren, nie geschämt hat, sondern dass im Gegenteil wir uns dadurch noch wertloser vorkamen.

Aber mit der Zeit lernte ich, nicht mehr alles einfach hinzunehmen. Es gelang mir zwar nicht, meinen Vater zur Einsicht zu bewegen – das wollte ich nach alledem, was geschehen war, auch nicht mehr. Aber ich hatte meine Position vom hilflosen Opfer zu einer selbstbewussten Frau gewechselt. Und heute weiß ich, dass nicht ich ihn brauche, sondern er mich. Und das tut gut, insbesondere deshalb, weil ich es ihn habe wissen lassen."

Franziska hat verstanden, dass sie ihren Vater nie ändern kann, weil ihm dazu die emotionale Grundlage fehlt. Aber sie konnte sich vor weiteren Demütigungen und Herabsetzungen schützen und Courage zeigen. Vor allem machte es ihr viel Freude, ihn bei Auseinandersetzungen mit seinen eigenen Waffen zu schlagen. Wir werden später noch von ihr hören.

Der Psychopath und ich

Wenn wir uns gegen Erfahrungen wehren, dann wehren wir uns gegen das Leben – genauer gesagt, gegen unser eigenes Leben. Immer berichten mir Leute, dass sie sich von Herzen wünschen, ihre Lebensaufgabe herauszufinden. Dann sage ich ihnen: Das Leben selbst ist die Aufgabe. Was kann es denn anderes geben, als den gegenwärtigen Augenblick mit allem, was dazugehört? Es sind unsere Vorstellungen von dem, was sein soll, die uns den Blick versperren für das, was gerade geschieht. Der Psychopath jedenfalls hält einen unermesslichen Reichtum an Selbsterkenntnis für Sie bereit.

Was geschieht bei den Opfern?

*„Eine tiefe Verzweiflung macht aus der Seele eine
große Steppe, auf der nichts mehr wächst."*
Französisches Sprichwort

Oder besser gefragt, was geschieht bei den Opfern, die sich
nicht wehren und diese Schikanen erdulden? Jeder, der mit
solchen Menschen dauerhaft konfrontiert ist, wird zutiefst
verzweifelt und fühlt sich rettungslos diesem Wahn ausgeliefert. All das widersprüchliche, tückische und konfuse Denken
kann niemand unbeschadet verkraften. Umso mehr entsteht
das Bemühen, durch Erklärungen und Rechtfertigungen die
Ordnung wiederherzustellen. Unter allen Umständen möchte man sich von den Schuldzuweisungen lossprechen oder
glauben, dass das Unrecht, das einem angetan wurde, nur auf
Missverständnissen oder Unkenntnis basieren konnte.

Aber man kann in diese verwirrten Gedanken nicht mit
Logik eingreifen, da sie jeglicher Einsicht entbehren. Doch da
emotional gesunde Menschen nicht glauben können, dass es
Menschen gibt, die kein wirkliches Mitgefühl besitzen und
andere absichtlich und geplant angreifen, suchen sie sogar
nach Entschuldigungen für das verwerfliche Verhalten.

Ein anhaltendes Verhältnis mit diesen Menschen, ganz
gleich auf welcher Ebene, vernichtet die eigenen Ressourcen,
zerstört das Schöne und Vertrauensvolle in einem selbst und
hinterlässt nichts als verbrannte Erde. Dieses Leiden hört
nicht auf, solange man sich im Dunstkreis dieser Menschen
bewegt.

Wer die psychopathischen Muster als solche nicht kennt
und nicht gelernt hat, sie einzuschätzen und adäquat mit

ihnen umzugehen, bringt automatisch die destruktiven Handlungsweisen mit seiner eigenen Person in Verbindung und versucht wieder und wieder, sich zu verteidigen und zu erklären, was aber nur als weitere Schwäche gedeutet wird. Gerade die Personen, die leicht zu Schuldgefühlen neigen, werden zur begehrten Beute, denn sie spielen ihrem Aggressor mit dieser Anfälligkeit, schnell Schuld auf sich zu nehmen, geradezu in die Hände. Schuldgefühle zu erzeugen und sie für ihre Interessen zu missbrauchen ist eine große Spezialität von ihnen. Und die Opfer verstricken sich dadurch noch mehr in Gefühlen von Unzulänglichkeit.

Die Spirale dreht sich also weiter, die eigene Schwächung begünstigt damit noch den bösen Plan des Angreifers. Der spürt nämlich mit untrüglicher Intuition jede noch so kleine Schwachstelle seines Opfers und nutzt sie schonungslos aus.

Die falsche Reaktion

Wenn ein Kind im Sandkasten einem anderen das Förmchen aus der Hand reißt, lernt es sehr schnell, dass das andere Kind sich ärgert und ihm im nächsten Augenblick vielleicht einen Hieb mit der Schaufel verpasst. Das wird es sich merken. Für die Zukunft weiß es dann, dass sein Verhalten Konsequenzen erzeugt und es beim nächsten Versuch schnell davonlaufen muss, um sich nicht wieder Schläge einzufangen.

Im Umgang mit unseren Psychopathen läuft es meist anders. Diese beleidigen und quälen munter die Menschen drauflos, worauf diese sich zwar ärgern, sich aber dennoch bemühen, ihrem Angreifer das Gegenteil zu beweisen. Und dafür sind sie bereit, hohe Anpassungsleistungen zu erbringen. Sie ordnen sich dem Druck unter, weil sie sich in der schwächeren Position glauben oder zumindest beweisen

DER PSYCHOPATH UND ICH

wollen, dass sie gute Menschen sind. Sie platzieren sich damit selbst in die Opferrolle. Man müsste deshalb zu dem Schluss kommen: Wer sich nicht wehrt, der lebt verkehrt. Nur ganz wenige würden beispielsweise am Arbeitsplatz zu einem unverschämten Chef sagen:

> „Haben Sie eigentlich schon einmal über die Bedeutung Ihrer Anordnungen nachgedacht? Ihre Ansprüche sind absolut maßlos."

Vielmehr versuchen sie, ihn lieber unter höchstem Einsatz davon zu überzeugen, dass sie gute Mitarbeiter sind, die seine Wertschätzung verdienen. Sie geben bis zur totalen Erschöpfung ihr Äußerstes und scheuen sich davor, sich auch nur für ein paar Tage krankschreiben zu lassen. Selbst dann nicht, wenn sich ein Zusammenbruch ankündigt. Viele hoffen sogar im Stillen darauf, dass so ein sichtbares Zeichen der Erschöpfung ihren unermüdlichen Einsatz dokumentiert und sie dadurch als aufopferungsvolle Mitarbeiter geschätzt werden.

Aber das ist ein großer Irrtum: Im Kopf der Psychopathen entsteht ein ganz anderes Bild. Sie möchten belastbare Menschen um sich, die ihren überzogenen Anforderungen standhalten, und nicht bei jeder Kleinigkeit, wie sie es nennen, zusammenklappen.

Heike ist die Sekretärin solch eines wahrhaft maßlosen Chefs. Sie berichtete entsetzt, dass sie eines Tages im Büro beinahe einen Kreislaufzusammenbruch bekam. Sie ging von ihrem Stuhl aus mit letzter Kraft ans Fenster, um es zu öffnen, als ihr Chef hereinkam, um ihr einige Aufgaben zu übertragen. Sie sagte ihm, dass ihr furchtbar schlecht sei und sie das Gefühl habe, jeden Moment zusammenzubrechen. Sie bat ihn um ein Glas Wasser, und dass er sie sofort nach Hause bringen solle, da sie nicht mehr imstande sei zu fahren. Darauf antwortete dieser entspannt:

> „Wegen so etwas müssen Sie nicht gleich nach Hause gehen. Das habe ich auch oft, das geht gleich wieder vorbei. Aber ich bin jetzt in Eile und muss Ihnen ein paar wichtige Dinge erklären. Jetzt reißen Sie sich bitte mal zusammen. Sie können ja hinterher meinetwegen fünf Minuten ausruhen."

In einem anderen, ebenso unmenschlichen Unternehmen hatten zwei Mitarbeiterinnen innerhalb kurzer Zeit Hörstürze und waren für einige Tage krankgeschrieben. Doch selbstverständlich wurde ihre Krankheit von der Chefetage nicht im Geringsten mit dem hektischen und aggressiven Arbeitsablauf und den täglichen persönlichen Diffamierungen in Verbindung gebracht. Der einzige Kommentar war, dass die Firma ohne Gegenleistung jetzt Gehälter weiterzahlen müsse und dass so ein System durch und durch ungerecht und unsozial sei.

Wir alle haben in vielen Bereichen des Lebens gelernt, uns mit der Rolle der Hilflosen abzufinden, und haben akzeptiert, dass Menschen uns Schmerzen zufügen dürfen. Wir müssen nun erst wieder lernen, uns von dieser Opferhaltung zu verabschieden und diese Quälgeister in die Schranken zu weisen.

Denn die Macht der anderen ist nur im Lichte der eigenen Schwäche möglich.

Ich habe schon einmal erwähnt, dass beispielsweise in meiner Generation die wenigsten gelernt haben, auf sich und ihre Gefühle achtzugeben, weil die vorherrschenden Werte Anpassung und Obrigkeitsgläubigkeit gewesen sind. Aber heute leben wir in einer Zeit, wo wir ganz anderes benötigen, beispielsweise Aufrichtigkeit, Mut und Tapferkeit und nicht blinden Gehorsam und Ja-Sagerei.

Die Psychopathen sind in der Minderheit, und ihre Macht reicht nur so weit, weil die meisten bereit sind, sich diesem Wahnsinn unterzuordnen. Wer die Flucht nach vorn wagt, wird sehen, dass er sogar sehr viel verändern kann.

Es gibt also nur eines: Aufstehen und den Platz im Leben einnehmen, der einem zusteht, anstatt sich von bösartigen Menschen herumschubsen zu lassen und am Ende noch gar in Bitterkeit zu erstarren.

Psychopathen im Vorteil?

Sie wissen nun, was Sie von diesen Menschen erwarten dürfen, nämlich dass sie sich mit unglaublichem Selbstverständnis für ihre Interessen einsetzen. Und dass sie über kein gesundes empathisches Verhalten verfügen und sich keinen ethischen Standards verpflichtet fühlen. Sie setzen durch, was immer ihnen möglich ist, und nehmen sich von allem, so viel sie bekommen können, und zwar ohne schlechtes Gewissen. Es gelingt ihnen sogar, ihre Mitmenschen so zu manipulieren, dass sie deren eigene Emotionen gegen sie verwenden. Nichts ist ihnen zu schade, um ihre Ziele zu erreichen.

Da Sie sich aber sehr wahrscheinlich, wie die meisten Menschen es gottlob tun, unseren gesellschaftlichen Werten verpflichtet fühlen, haben jene Ihnen gegenüber einen unschlagbaren Handlungsvorteil.

Es gibt leider sehr viele Bereiche, in denen uns gewissenlose Menschen durch ihren Mangel an Menschlichkeit voraus sind und uns deshalb im Durchsetzen der eigenen Interessen um Längen schlagen. Es ist also kein Wunder, dass sie gerade in führenden Positionen stark vertreten sind; sie sind eben jederzeit bereit, ihre Ellbogen und weitere Waffen einzusetzen, um das gewünschte Ergebnis zu erzielen. Bei Bewerbungen oder Vorteilsbeschaffungen schrecken sie nicht davor zurück, Mitkonkurrenten in ein schlechtes Licht zu stellen oder Gerüchte über sie auszustreuen, um einen sozialen Ausschluss herbeizuführen. Gleichzeitig stellen sie sich dabei gern als weit überlegen dar.

Ebenso sind sie schmerzfrei, Beziehungen und Ehen auch für ein kleines Abenteuer zu zerstören. Kein Preis ist ihnen zu hoch für einen Kick oder um sich zu bestätigen. Dabei setzen sie ihre ganzen Künste ein – Manipulation, Lügen,

Täuschung und möglicherweise auch Gewalt. Diese Methoden haben viele bis zur Meisterschaft entwickelt. Normale Menschen mit Gewissen und sozialem Verhalten können da nicht mithalten.

Werfen wir noch einen kurzen Blick auf die politische Landschaft. Es ist durchaus anzunehmen, dass in diesem Bereich eine sehr hohe psychopathische Präsenz vertreten ist. Wie sonst, so muss man sich fragen, können Menschen beispielsweise Kriege führen? Der Wunsch gesunder Menschen ist es sicherlich nicht, seine Mitmenschen zu töten oder in unvorstellbares Elend zu stürzen, sie ihrer Freiheit und Selbstbestimmung zu berauben. Ebenso wenig sind gesunde Menschen meiner Meinung nach nicht dafür zu gewinnen, für den eigenen Überfluss andere Nationen gnadenlos auszubeuten und sie in Armut zu belassen. Und genauso berechtigt darf man annehmen, dass es geistig kranke Menschen sein müssen, die unseren wunderschönen Planeten zerstören, um ihre kurzlebigen wirtschaftlichen Interessen durchzusetzen.

Einen Trost haben wir jedoch: Mit etwas Mut und Entschlossenheit können wir lernen, wenigstens in unserem persönlichen Umfeld nicht mehr für diese bösen Spiele zur Verfügung zu stehen und diese Menschen in ihre Schranken zu weisen. Denn nun haben auch Sie ihnen gegenüber einen gewaltigen Vorsprung: Sie wissen jetzt, was wirklich gespielt wird und wie das Spiel funktioniert. Und hinter ihrem blenderhaften Auftreten sehen Sie jetzt ganz deutlich das verletzte Kind.

Warum gibt es Psychopathen?

„Die ewigen Sterne kommen wieder zum Vorschein,
sobald es finster genug ist."

Thomas Carlyle

Warum gibt es so etwas wie diese Struktur überhaupt? Für wen oder was soll das gut sein? Diese Frage ist berechtigt und auf den ersten Blick nicht einleuchtend zu beantworten. Ähnlich wie beim Thema Religion sind wir auf persönliche Einschätzungen angewiesen, die wir annehmen oder ablehnen können.

Es gibt auf der Erde seit jeher die lichte und die dunkle Seite der Schöpfung. Sie bilden zusammen die nötige Spannung, die Wachstum und Fortschritt ermöglicht. Der griechische Philosoph Heraklit sah beispielsweise alle Gegensätze in einer spannungsgeladenen Einheit zueinander stehend. Das heißt, sie brauchen sich gegenseitig, um zu sein, so wie der Tag sich durch die Abwesenheit der Nacht oder das Gute sich durch die Abwesenheit des Bösen definiert.

Für mich persönlich sind die psychopathischen Menschen der Zündstoff zum Wachstum schlechthin. Sie zwingen uns mit ihren gnadenlosen Manövern, unsere Komfortzone zu verlassen, um uns auf den Weg der Erkenntnis zu machen. Da wir Menschen von Natur aus eher bequem sind und uns nicht ohne Not in lehrreiche Prozesse begeben, die unser Bewusstsein erweitern und uns Lebensreife schenken, meiden wir das Unangenehme und bevorzugen ein Leben, das uns vor unvorhergesehenen Abweichungen bewahren soll. Ausgenommen natürlich den kleinen Abenteuern, die wir selbst initiieren.

Doch das Leben ist viel tiefer als das, was durch die oberflächliche Realitätswahrnehmung zu uns durchdringt. Wir sind ganz sicher nicht auf dieser Erde geboren, um mit geschlossenen Augen durchs Leben zu gehen. Die ganze Evolution beruht auf Veränderung und Wachstum. Und die Psychopathen scheinen wohl das Salz in der Suppe dabei zu sein. Ihre unzähligen Stolpersteine bieten die Gelegenheit, über Fragen nachzudenken wie zum Beispiel:

„Was haben bestimmte Situationen
mit mir zu tun?"
„Warum lasse ich mir das bieten?"
„Wann flüchte ich vor mir selbst?"
„Warum macht mir das Angst?" usw.

Alles im Leben hat einen Preis, und der, den die Psychopathen von uns abfordern, ist gewöhnlich sehr hoch. Aber dennoch lohnt es sich. Erkenntnisse gewinnt man nicht mühelos, sie erfordern lange Wege der Reflexion. Und meistens erfahren wir ohnehin erst am Ende eines Prozesses, wie viel Gutes er für uns beinhaltet hat.

Ich kann Ihnen also nur wünschen, dass Sie sich auf das Abenteuer des Lebens vertrauensvoll einlassen können und Ihren Angreifer als solchen erkennen, der er ist: ein Lehrer – nicht mehr und nicht weniger. Das heißt aber nicht, dass man sein Verhalten gutheißen oder ihm sogar folgen soll. Es heißt lediglich, dass die Dinge so sind, wie sie sind, und dass man das Negative dazu benutzen kann, sich selbst und die Welt zu verändern. Wer es richtig angeht, wird seine schlummernden Kräfte entfalten und sich zu einem aufrechten, starken Menschen entwickeln.

Was ich für mich persönlich lernen kann

Vielleicht glauben Sie, dass die Begegnung mit solch einem Menschen nur ein unglücklicher Zufall ist. Ich denke jedoch, dass es nicht so ist, denn alles, was uns geschieht, hat auch immer etwas mit uns zu tun. Vielleicht waren Sie nur noch nicht aufmerksam genug, um es zu erkennen.

Das Leben ist, wie gesagt, viel tief greifender, als wir es für möglich halten. Wenn Sie bereit sind, die Sache einmal mit anderen Augen zu betrachten, werden Sie sehen, dass Ihre Herausforderer Ihnen eine ganze Menge über Sie beibringen können. Wenn die Psychopathen auch nicht zu viel Gutem taugen, so erweisen sie sich allemal als wunderbarer Spiegel, der Ihnen Ihre Grenzen und Ängste mit Nachdruck aufzeigt.

Denn worin kann man die eigene gegenwärtige Persönlichkeit besser erkennen als in seinen großen Herausforderungen? Das sind die Momente, in denen man sich nichts mehr vorgaukeln kann und sich mit den persönlichen Grenzen konfrontiert sieht. Und gerade darin liegt die große Chance.

Wenn man klarsehen kann, was geschieht, lässt sich der Spieß umdrehen und lassen sich die Gemeinheiten dieser Menschen dazu nutzen, sich selbst neu zu erfinden und seine Lebensweise neu auszurichten. Nehmen Sie sich die asiatischen Kampfkünste zum Vorbild, wo der Kämpfer sich gegen den Angriff nicht mit Widerstand wehrt, sondern sich die angreifende Kraft zunutze macht und sich dem Schlag seines Gegners anpasst.

Was kann Ihnen ein Psychopath also möglicherweise über Sie selbst zeigen?

→ *Dass Sie seine Maßlosigkeit dulden, dass er sich herausnimmt, Ihre Belastungsgrenze nach seinen Wünschen ins Unendliche zu schrauben und Sie sich ohnmächtig bis zur seelischen Erschöpfung seinen Schikanen ausliefern.*

→ *Dass Sie Ihre einschränkenden Glaubenssätze überprüfen sollten, die Sie in die Opferrolle bringen und die Unterordnungsmechanismen erzeugen.*

→ *Dass Sie leider nicht erwarten können, geachtet zu werden, wenn Sie sich selbst nicht achten. Und das tun Sie dann nicht, wenn Sie anderen erlauben, sich Ihnen gegenüber unverschämt zu verhalten.*

→ *Dass Sie sich persönlichen Angriffen fast wie gelähmt ausgeliefert fühlen.*

→ *Dass Sie beim Thema Selbst-Durchsetzung noch große Kapazitäten frei haben.*

→ *Dass Sie noch nicht in Betracht gezogen haben, aus den vielen Steinen, die Ihnen in den Weg gelegt wurden, ein Haus zu bauen, anstatt über sie zu stolpern.*

→ *Dass Sie gar nicht so schwach sind, wie Sie sich fühlen. Wie viel Ungerechtigkeit haben Sie schon durch solche Menschen ertragen und überstanden? Es braucht sogar sehr viel Kraft und Mut, sich immer wieder zu überwinden und weitere Verletzungen auszuhalten, weil man keinen anderen Ausweg sieht.*

Es ist wirklich so: Diese Leute sind, ohne es zu wollen, die besten Lehrer, die Sie bekommen können. Und so überheblich sie auch anfangs erscheinen mögen, so leicht sind sie doch auch zu besiegen. So kann man von ihnen vor allem lernen, der eigenen Angst in die Augen zu schauen und zu ergründen, was es mit ihr generell auf sich hat. Auch wenn die Angst für Sie persönlich zu der Kategorie negativer Gefühle zählt, macht sie Sie dennoch darauf aufmerksam, dass Sie einen Weg eingeschlagen haben, der nichts Gutes verheißt. Angst an und für sich ist also nicht unbedingt etwas Schlechtes. Sie wird nur dann zur Sackgasse, wenn man sich in ihr verliert, da es nicht in ihrer Natur liegt, Sicherheit zu geben und lebensspendend zu wirken, sondern vielmehr Begrenzung, Leid und Aussichtslosigkeit zu bringen.

Wenn man versucht, bei einer Aufgabe einfach mal einen Moment die Augen zu schließen und zu spüren, wie sich das Ganze ohne Angst anfühlt, verliert sie plötzlich ihren Schrecken. Man erkennt, dass nicht die Aufgabe als solche bedrückt, sondern die Angst, die man davor hat.

„Mut ist wie ein Muskel, den man trainieren muss", sagt eine indianische Weisheit. Ohne es zu ahnen, sind die Psychopathen also durchaus dienlich. Vor allem aber fordern sie einen dazu heraus, stark zu werden und sich nicht von seinen eigenen Ängsten herumwirbeln zu lassen.

Sigrid etwa hat es geschafft. Sie ist Gruppenleiterin bei einem großen Finanzdienstleister. Vor zwei Jahren kam sie vollkommen niedergeschlagen zu mir, da ihr Chef sie unverhohlen aus der Abteilung herausekeln wollte. Sie war damals so verzweifelt, dass sie an einem besonders extremen Arbeitstag auf Anfrage nicht einmal mehr ihren Namen nennen konnte.

Aber sie lernte schnell, dass all die Angriffe nichts mit ihr zu tun hatten, sondern mit der abnormen Persönlichkeit ihres Chefs zusammenhingen, und sie war bereit, die Konfrontation zu suchen. Während acht Monaten konnte sie systematisch von Woche zu Woche wunderbare Erfolge erzielen, bis sich das Blatt für sie endgültig wendete und sie ihrem Chef überlegen entgegentreten konnte. Und mit unglaublich wohltuender Genugtuung sagte sie:

> „Ich muss mich wirklich sehr bei Ihnen bedanken. Durch Sie habe ich gelernt, wie ich meine eigene Kraft mobilisieren und einsetzen kann, und dabei ist mir klar geworden, dass ich in Wirklichkeit eine sehr starke Persönlichkeit bin. Nachdem ich Ihre Angriffe unbeschadet überstanden habe, kann mich im Leben nichts mehr wirklich erschrecken. Ich habe dadurch zu mir gefunden.“

Dem Chef fiel bei dieser Ansage die Kinnlade herunter, und seither sieht er zu, dass er ihr so wenig wie möglich begegnet. Sigrid würde um keinen Preis diese Erfahrung missen wollen, da ihre neugewonnene Stärke sie nicht nur am Arbeitsplatz schützt. Vielmehr kann sie sie mühelos auf viele andere Lebensbereiche übertragen. Für sie hat sich die Begegnung mit diesem Despoten am Ende also sehr gelohnt.

Die Macht der Glaubenssätze

„Überzeugungen sind gefährlicher Feinde der Wahrheit als Lügen."

Friedrich Nietzsche

Wir alle sind geprägt durch eine Vielzahl bewusster oder unbewusster Glaubenssätze. Sie sind unsere Lebenswahrheiten, von denen wir zutiefst überzeugt sind, und die folglich unser Weltbild und unser Bild von uns selbst bestimmen. Sie sind verantwortlich dafür, wie wir uns gegenüber anderen Menschen verhalten und ob wir uns selbstsicher oder ohnmächtig fühlen. Diese Glaubenssätze entstehen schon in frühester Kindheit, indem wir den Meinungen und Theorien der Erwachsenen Glauben schenken, Erfahrungen auf bestimmte Weise interpretieren und verallgemeinern und sie als die Wirklichkeit in unserem Unterbewusstsein installieren. Später werden sie nur noch ähnlich wie ein Reflex abgerufen. Zunächst ist das eine sinnvolle Einrichtung der Natur. Wir benötigen schließlich feste Richtlinien, nach denen wir das Leben begreifen und sortieren können, um Stabilität und Sicherheit zu empfinden. So lassen sich Vergangenes, Gegenwärtiges und Zukünftiges einigermaßen einschätzen.

Zum Problem werden Glaubenssätze allerdings dann, wenn sie uns begrenzen und verbieten, erfolgreich oder glücklich zu sein. Wir machen große Fehler, wenn wir unsere „Vorannahmen über die Wirklichkeit" mit der „realen Wirklichkeit" verwechseln. Das Ergebnis ist dann, dass wir überzeugt sind, dass das, was wir über uns und unsere Mitmenschen denken, wahr ist. Doch wie der Begriff Glaubenssatz verdeutlicht, beruht er allein auf Glauben und nicht auf Wissen.

Die meist verbreiteten Glaubenssätze, die unser Verhalten grundlegend bestimmen, sind von Generation zu Generation weitergegeben und erstaunlicherweise nie wirklich infrage gestellt worden. So wurden in unseren Köpfen gnadenlos allgemeine Annahmen zementiert wie:

> „Geld verdirbt den Charakter",
> „man bekommt im Leben nichts geschenkt",
> „das Leben ist ein Kampf."

Oder speziell auf die eigene Person bezogen:

> „Ich bin nicht gut genug",
> „Kritik ist eine Ablehnung",
> „ich bin faul",
> „ich bin nicht liebenswert",
> „ich werde nicht geachtet",
> „ich muss mich so verhalten, dass ich allen gefalle",
> „die anderen sind besser",
> „ich sehe nicht gut aus",
> „ich bin zu dick" usw.

In meiner Generation war zum Beispiel ein großer Glaubenssatz noch: „Jungen weinen nicht." Das dokumentiert ein älteres Gedicht von Cäsar Flaischlen:

> Aber Hans, wer wird denn weinen?
> Pfui, welch hässliches Gesicht!
> Merk dir, kleine Mädchen weinen,
> Jungen, Hänschen, tun das nicht!
> Fritzchen habe dich geschlagen?

Hast du dich denn nicht gewehrt?
Hast ja Flinte, Helm und Säbel,
doch nun endlich aufgehört.
Schäm dich, so ein großer Junge,
und ein so verweint Gesicht!
Kleine Mädchen dürfen weinen,
Jungen, Hänschen, tun das nicht.

Mit solchen Sprüchen wurden die Gefühle der Jungen lächerlich gemacht und sogar verboten. Und sie lernten, sich für ihre Gefühle zu schämen. Diese Botschaften prägen sich als Glaubenssätze tief ein und verfehlen nicht ihre Wirkung. Sie werden ein Leben lang die einst so reiche und fließende Emotionalität blockieren.

Auch wurden Kinder gerne mit den Worten: „Du bist ein böses Kind" bestraft, wenn sie nicht das taten, was andere von ihnen erwarteten. Sie lernten damals: Wenn ich spielen möchte (also meinem eigenen Bedürfnis folge) anstatt aufzuräumen, dann bin ich böse, oder wenn ich nicht schlafen gehen möchte, bin ich böse. Wenn ich die Kleider nicht mag, die ich anziehen soll, bin ich böse. So bildet sich am Ende ein allgemeiner Glaubenssatz: Wenn ich das tue, was ich möchte, bzw. wenn ich nicht das tue, was andere von mir erwarten, bin ich böse. In der schlimmsten Version kann diese Überzeugung sich nicht nur am Verhalten festmachen, sondern greift auf die ganze Person über: Ich bin böse!

Ich kenne Menschen, die von Schuldgefühlen überrollt werden, wenn sie sich bei der Arbeit nur eine halbe Stunde ausruhen und eine Tasse Kaffee trinken. Sie haben dann sofort das Gefühl, dem lieben Gott den Tag zu stehlen. Sie haben offensichtlich einmal gelernt, dass sie nur durch Funktionieren eine Lebensberechtigung besitzen. Diese Prägung ist übrigens sehr häufig bei Menschen mit Burnout-Erkrankungen zu finden.

Auch wenn wir in alten Poesiealben blättern, finden wir in den Sprüchen Zeitzeugen der früher vorherrschenden Moral. Mein „Vorbild-Spruch" lautete zum Beispiel:

> „Tu, was deine Eltern sagen,
> folge wie ein gutes Kind,
> dass sie deiner niemals klagen,
> stets mit dir zufrieden sind."

Genau das war gewollt, nämlich Unterordnung pur, oder wie es uns mit weniger poetischen Worten täglich eingebläut wurde: „Füge dich in die Ordnung." Solche Sätze haben es nicht an Deutlichkeit fehlen lassen, dass jeder Ansatz von Selbstverwirklichung und Selbstbestimmung aussichtslos gewesen ist. Ich kann mich noch sehr gut daran erinnern, dass ich mir schon als kleines Kind die Frage gestellt habe, welche Ordnung die Erwachsenen denn eigentlich meinten. Das Verhalten, das meine Familie und Verwandtschaft untereinander pflegte, war von Vorbehalten, Misstrauen und gegenseitigen Anschuldigungen geprägt. Zwar war die Form nach außen perfekt, aber jeder wusste, dass sie lediglich auf einer für alle verbindlichen Vereinbarung gründete. Umso unverständlicher fand ich es damals, dass wir Kinder gezwungen wurden, uns in diese Ordnung einzufügen. Erst im Erwachsenenalter ist es mir möglich geworden, die Zusammenhänge gesellschaftlicher Strukturen und die damit verbundene Hilflosigkeit der Menschen zu erkennen und zu begreifen.

Was wir uns selbst ankreiden müssen ist, dass sich an diesem System so viel doch nicht geändert hat. Es macht uns noch immer nicht glücklich, aber wir behalten es konsequent bei. So wollen es die unausgesprochenen Verträge, die wir uns gegenseitig unbewusst unterzeichnet haben.

Implizite Regelannahmen

Aber auch jene Glaubenssätze, die in jungen Jahren durch eigene Annahmen ihren Weg in unser Innerstes fanden, sind keineswegs harmloser. Wird beispielsweise ein Kind von seinen Eltern mehrmals ausgelacht, kann allein das schon als unumstößliche Regel aufgefasst werden: Die Menschen, die ich liebe, lachen mich aus. Ist das der Fall, wird dieser Mensch auch noch im Erwachsenenalter diese Annahme konsequent auf seine Beziehungen übertragen und aufrichtige Liebe mit Verdächtigungen und Vorahnungen quittieren.

Oder Scheidungskinder beziehen unter Umständen die Gründe der Trennung auf ihre eigene Person und sind davon überzeugt, dass sie nicht gut genug oder nicht liebenswert genug sind, da ihre Eltern nicht bei ihnen bleiben möchten. Deshalb sind Gespräche sehr, sehr wichtig, um die Kinder von ihren falschen Rückschlüssen zu entlasten und sie der elterlichen Liebe zu versichern.

Mir fällt zum Thema Rückschlüsse ein Gespräch mit einem sechsjährigen Jungen ein, der traurig war, weil seine Eltern sich immer stritten. Er glaubte, dass sie, wenn sie ihn gerne hätten, alle zusammen spielen würden, anstatt sich anzuschreien. Ich habe lange mit ihm darüber gesprochen, dass wir Erwachsene leider auch nicht alles können und alles wissen und auch noch sehr viel lernen müssen, manchmal sogar, wie man gut miteinander umgeht. Plötzlich sah mich der Kleine ganz begeistert an und sagte mit großen Augen: „Ach jetzt verstehe ich das. Das ist so etwas wie eine Krankheit. Meine Eltern sind gar nicht böse zueinander, sie sind nur krank. Als ich krank war und Fieber hatte, da wollte ich auch nicht mit meinen Freunden spielen, wollte nicht fernsehen und wollte auch nichts essen. Da hatte ich auch ganz schlechte Laune. Dann werden Mama und Papa vielleicht auch bald wieder gesund."

Eigentlich wollte ich auf etwas ganz anderes hinaus, aber irgendein Wort oder ein Satz von mir vermochte er sich auf seine Weise zurechtzulegen, dass es für ihn stimmig wurde. Ich fand es unglaublich entzückend, wie der Junge für sich ein Bild gefunden hatte, das ihn entlasten konnte. Denn wenn solche kleinen Wesen die Last der Verantwortung für die großen Erwachsenen auf ihre schmalen Schultern nehmen, können sie unter dem Gewicht nur zusammenbrechen. Aber ich habe auch immer wieder die Erfahrung gemacht, dass sie sich mit ein wenig Hilfe auch ganz schnell wieder davon lösen können.

Das Festhalten an unseren Glaubenssätzen trägt immer einen sehr großen Teil dazu bei, dass wir wieder und wieder Schmerzen und Enttäuschungen erleben. Diese Vorstellungen sind so fest in unserem Unterbewusstsein eingebrannt, dass sie uns nicht erlauben, unangenehmen oder neuen Situationen offen zu begegnen und freudig abzuwarten, was sich Schönes für uns entwickeln kann. Darin liegt das Verhängnisvolle. Könnten wir uns nämlich einfach so über unsere Glaubenssätze hinwegsetzen, ohne einen Ersatz zu haben, bestünde das Risiko, die Pfeiler unserer Einschätzungsfähigkeit zu verlieren. Und dies wäre eine elementare Bedrohung unseres Überlebensgefühls. So neigen wir lieber zu den sogenannten selbsterfüllenden Prophezeiungen (in diesem Fall negativen), und ziehen durch unsere Annahmen und unser Verhalten genau das an, was wir erwarten oder sogar befürchten. Dies ist zwar schmerzhaft, bestätigt aber zuverlässig unser vermeintliches Einschätzungsvermögen und gaukelt uns vor, das Leben beurteilen zu können.

Wer kennt nicht solche Gedanken:

> „Ich weiß jetzt schon, dass das nichts wird",
> „ich bin zu alt, die stellen doch nur junge Mitarbeiter ein",
> „das Projekt kann gar nicht gelingen" usw.

Auch wenn der Glaubenssatz wehtut – er gibt uns Bestätigung. Wer also etliche schwächende Glaubenssätze mit sich herumträgt, dem wird es beinahe unmöglich, sich adäquat für seine Bedürfnisse einzusetzen. Nur das Wissen um die Existenz dieser destruktiven Überzeugungen gibt uns die Möglichkeit, mit konsequenter Arbeit Transformationsprozesse einzuleiten und dadurch diese surrealen Bilder auszutauschen. Es liegt also ganz allein an jedem Einzelnen, ob er lernen möchte, seine Emotionen zu beherrschen, oder ob er weiterhin von seinen Emotionen beherrscht werden will.

Wer sich schon mit solchen Themen beschäftigt hat, der weiß außerdem, dass die wenigsten Situationen, die wir als bedrohlich empfunden haben, auf reale Angriffe von außen zurückzuführen waren, sondern vielmehr auf die unablässige Reproduktion unserer konditionierten Vergangenheit. Unsere Gedankenmuster sind also die wirklichen Feinde unserer Lebensqualität und unseres Körpers. Sie entscheiden in erster Linie, ob wir uns das Recht zugestehen, glücklich zu sein oder uns unglücklich fühlen müssen.

Einflussgrößen auf den Prüfstand stellen

Aus meiner Sicht heraus sollte sich deshalb jeder von uns im Erwachsenenalter die Frage stellen, inwieweit die Menschen, von denen wir unsere Lebenswahrheiten übernommen haben, eigentlich Vorbilder für uns sein können oder gewesen sind.

Sind, im Rückblick betrachtet, beispielsweise die eigenen Eltern solche Persönlichkeiten gewesen, dass es sich auch heute noch richtig anfühlt, ihre damaligen Ansichten als Fundament des eigenen Lebens zu belassen? Sind sie so klug und weise gewesen, dass man heute noch gut beraten ist, alles kritiklos weiterhin beizubehalten, was sie einem vor langer Zeit eingeimpft haben? Auch die Lehrer von damals haben viel zu dem Bild, das man von sich selbst hat, beigetragen. Sind sie so wissende und gütige Menschen gewesen, dass man ihnen immer noch einen Teil des eigenen Selbstwertgefühles anvertrauen möchte?

Als Kinder konnten wir uns nicht bewusst entscheiden, welche Glaubenssätze wir annehmen mochten und welche nicht, denn das geschah unbewusst und unmerklich. Aber wir brauchen nicht ein ganzes Leben in unseren Kinderschuhen herumzulaufen, die uns schon lange nicht mehr passen und an allen Ecken drücken und schmerzen. Heute können wir aus der Distanz heraus unsere Vorbildmacher anschauen und sehen, welcher Erziehung und welchen Einflüssen sie selbst unterworfen waren, und dass sie möglicherweise noch viel weniger vom Leben verstanden haben, als wir es heute vermögen. Dann spüren wir sicherlich, dass es Zeit wird, selbst die Bilder in uns zu wählen und zu installieren, die wir für angemessen empfinden und die uns glücklich und unabhängig machen.

Doch selbst dann, wenn wir voll Bewunderung und Anerkennung zu unseren Erziehern aufschauen könnten, würde
das noch lange nicht bedeuten, dass wir in jedem Punkt mit
ihnen übereinstimmen und unserem Leben nichts Eigenes
hinzufügen möchten. Jede Zeit hat ihre eigenen Anforderungen und ihren eigenen Geist, und jede Generation möchte
Neues hervorbringen.

Auf den Punkt gebracht heißt unsere Erkenntnis für die
meisten von uns bis hierher also: Wir haben unsere Überzeugungen von Menschen übernommen, die selbst verwundet
und unvollkommen waren und mit deren Bewusstsein wir
nicht tauschen möchten. Doch sie steuern auch heute noch
unser Fühlen und unser Handeln, als würden sie hinter uns
stehen und uns über die Schulter blicken. Unsere Glaubenssätze lassen uns mitunter sogar jenen Menschen gegenüber
Schuldgefühle empfinden und unterordnen, die uns offen-
kundig Leid zufügen.

Mit diesem Wissen haben wir also keinen Grund mehr,
blindlings unseren Gedanken und Überzeugungen zu trauen.

Richtig interessant wird es, wenn es jetzt darum geht, die nachfolgenden zwei Arbeitsblätter auszufüllen. Sie werden bemerken, dass die Überzeugungen, die Ihnen anerzogen wurden,
höchstwahrscheinlich nicht der Weisheit letzter Schluss waren. Es war die damalige Wahrheit dieser Menschen, aber nicht
die wirkliche Wahrheit. Es geht hier aber nicht um Schuld.
Jeder hat so gehandelt, wie er es vermochte. Darüber möchten wir nicht urteilen. Jetzt geht es lediglich um die Fragen, ob
deren damaliges Bewusstsein ausreicht, um es heute noch als
Maßstab für Ihr gegenwärtiges Leben anzulegen.

Nehmen Sie sich genügend Zeit für diese Entscheidung.

Arbeitsblatt – Meine einschränkenden Glaubenssätze

1 Erforschen Sie Ihre einschränkenden Glaubenssätze.
Z.B.: Mit mir muss man sich schämen, ich bin wehrlos, ich bin abhängig, ich traue mich nicht zu widersprechen, ich habe keine gute Allgemeinbildung ...

2 Von welchen Personen haben Sie diese Glaubenssätze übernommen?

3 Welche Eigenschaften hatten diese Leute?
Waren sie frei und selbstbestimmend oder vielleicht verbittert, ängstlich, schüchtern, angepasst usw.?

4 Kann ihr damaliges Verhalten als vorbildlich bezeichnet werden? Wenn nein, wie würden Sie es benennen?

5 Wer außer Ihnen selbst hat diese Glaubenssätze noch aufrechterhalten oder verstärkt?
Z.B.: Lehrer, Geschwister, Schulkameraden ...

6 Was haben die Glaubenssätze aus Ihnen gemacht?
Z.B.: Ich traue mich nicht, meine Meinung zu sagen, ich fühle mich wertlos, ich kann mir nicht vorstellen, dass man mich lieben kann ...

7 Wie würden Sie sich gegenüber negativen Menschen verhalten, wenn Sie diese Überzeugungen nicht mit sich tragen würden?
Z.B.: Ich würde mich nicht anschreien lassen, ich hätte Mut, etwas zu verändern, ich würde mich nicht schlecht fühlen, nur weil andere unverschämt sind ...

8 Welchen Glaubenssatz möchten Sie an erster Stelle korrigieren?

Arbeitsblatt – Negative selbsterfüllende Prophezeiungen

Welchen selbsterfüllenden Prophezeiungen sind Sie in Bezug auf die Psychopathen auf den Leim gegangen?
Z.B.: Sie gewinnen jede Auseinandersetzung, ich werde vor lauter Angst Fehler machen ...
Haben Sie jeweils schon folgende Aspekte einbezogen?

→ Hat Ihre eigene Haltung das Befürchtete selbst angezogen und unterstützt?

→ Haben Sie die Möglichkeit eines positiven Ausgangs überhaupt für möglich gehalten?

→ Haben Sie nach erfolgreichen Möglichkeiten Ausschau gehalten oder gleich aufgegeben?

→ Ist Ihnen bewusst, dass solche Erwartungen auch nur ein Versteckspiel mit Ihrer eigenen Angst vor einer Veränderung sein können?

→ Ist Ihnen bewusst, dass Ihre negativen selbsterfüllenden Prophezeiungen aus Ihren Glaubenssätzen entstanden sind und weniger aus der Wirklichkeit?

Stellen Sie nun Ihren negativen Prophezeiungen Ihre Fähigkeiten entgegen:

Z.B. bei einem anvisierten Arbeitsplatzwechsel: Ich kann konzentriert arbeiten, ich habe eine gute Auffassungsgabe, ich bin zuverlässig, ich bringe großen Einsatz, ich lerne gerne Neues dazu, ich bin eine nette Kollegin ...
(Übrigens kann ich Ihnen versichern, dass Menschen, die erfolgreich sind, nicht auch zwingend qualifiziert sind. Aber sie glauben an sich, und das macht den Unterschied.)

Glaubenssätze und negative selbsterfüllende Prophezeiungen kann man glücklicherweise durch konsequentes Arbeiten verändern. Die wichtigste Voraussetzung ist, dass einem bewusst wird, dass man, genau betrachtet, ein Leben in Fremdbestimmung führt.

Natürlich funktioniert die Umwandlung eines Glaubenssatzes nicht, indem Sie permanent einen Satz vor sich hin beten. Ihre neuen Einsichten können nicht von außen kommen, sondern nur aus Ihnen selbst. Denn die Umwandlung wird nicht in erster Linie über den Verstand funktionieren, sondern vielmehr dadurch, dass die alten Überzeugungen durch starke Emotionen überschrieben werden. Wie erfolgreich solche Überschreibungen letztlich sind, hängt also unter anderem davon ab, wie stark die Emotion ist, die Sie erzeugen können, und möglicherweise auch, wie oft sie wiederholt wird. Leider haben die allermeisten Menschen schon so sehr die Verbindung zu ihrer Seele und damit den Glauben an ihre Selbstheilungskräfte verloren, dass sie die Wiederherstellung ihrer Gesundheit grundsätzlich außenstehenden Therapeuten anvertrauen und den eigenen Einfluss als unmaßgeblich einstufen.

Dennoch möchte ich Ihnen gerne eine Übung nennen. Angenommen, einer Ihrer Glaubenssätze heißt: „Ich bin ängstlich", dann können Sie folgendermaßen damit verfahren:

Bereiten Sie sich auf eine Art Meditation vor. Sorgen Sie dafür, dass Sie nicht gestört werden und kein Lärm zu Ihnen durchdringt. Legen Sie eine schöne CD mit Entspannungsmusik auf, zünden

Sie eine Kerze an, richten Sie alles so ein, wie es Ihnen guttut. Dann machen Sie es sich so bequem wie möglich und durchsuchen in Ruhe Ihre Erinnerungen nach Momenten, in denen Sie mutig und durchsetzungsfähig waren. Sie werden sehen, dass Sie sich mehr und mehr an solche Begebenheiten erinnern können.

Entscheiden Sie sich zunächst für eine Erfahrung, die für Sie befriedigend und stark gewesen ist. Und dieses Gefühl der Stärke, das Sie früher einmal empfunden haben, lassen Sie in sich ganz groß werden. Identifizieren Sie sich mit diesem Gefühl. Es soll Sie ganz und gar durchdringen, ausfüllen. Und dabei sprechen Sie mit echter Überzeugung tief in Ihr Seelenfeld: „Ich bin mutig und stark." Sie können auch noch einen Schritt weiter gehen und dieses Gefühl der Stärke auf eine gegenwärtige Situation übertragen, indem Sie sich vor Ihrem inneren Auge vorstellen, wie Sie einem bestehenden Konflikt mit dem Gefühl der Stärke angstfrei begegnen.

Es macht einen elementaren Unterschied, ob einfach ohne Anknüpfung ein Satz aufgesagt oder ob die Erinnerung und das Bewusstsein an eigene Stärke mit dieser Wahrheit verbunden werden. Weder Ihrer Seele, Ihrem Unterbewusstsein noch Ihrem Gehirn wird diese Feststellung entgehen, eben weil es sich nicht um leere Phrasen, sondern um aufrichtige starke Emotionen handelt. Ihr neuer Glaubenssatz knüpft an die eigene Wirklichkeit an. Er ist genauso aktuell und mächtig wie die nacherlebte Empfindung.

Es gibt eine wunderschöne indianische Geschichte, die uns Mut macht:

> Ein alter Indianer saß mit seinem Enkelsohn am Lagerfeuer. Es war schon dunkel geworden, und das Feuer knackte, die Flammen züngelten in den Himmel.
>
> Der Alte sagte nach einer Weile des Schweigens: „Weißt du, wie ich mich manchmal fühle? Es ist, als ob da zwei Wölfe in meinem Herzen miteinander kämpfen würden. Einer der beiden ist rachsüchtig, aggressiv und grausam. Der andere hingegen ist liebevoll, sanft und mitfühlend."
>
> Der Junge fragte: „Welcher der beiden wird den Kampf um dein Herz gewinnen?"
>
> „Der Wolf, den ich füttere", antwortete der Alte.

So ist es in der Tat. Wir alleine entscheiden, welchen Gedanken wir Leben einhauchen. Deshalb bleiben wir nur so lange der Spielball alter Überzeugungen oder anderer Menschen, solange wir noch davon überzeugt sind, es sein zu müssen. Wir selbst entscheiden, ob wir uns auf unsere Stärken oder unsere Schwächen konzentrieren. Wenn Sie sich jeden Tag nur wenige Minuten Zeit nehmen, um selbst zu entscheiden, welchen Kräften Sie in sich Raum geben möchten, beginnt schon ein Heilungsprozess. Vernachlässigen Sie bewusst, was Sie in Ihrem Gefängnis festhält und wenden Sie sich den Gedanken zu, die Sie beflügeln. So werden Sie schrittweise und unbemerkt mehr und mehr Ihre alten Glaubenssätze entmachten, und das Neue kann Einzug halten. Denn denken heißt erschaffen!

Die Glaubenssätze der Psychopathen

Nun sehen wir uns noch der Vollständigkeit halber die Glaubenssätze der Psychopathen an. Bei ihnen verhält es sich erwartungsgemäß ganz anders. Ihre Entscheidung, sich auf die Seite der Sieger und Starken zu schlagen, ist nahezu unwiderruflich. Irgendwie entgeht ihnen die Tatsache, dass kein Mensch immer Erfolg haben und immer der Stärkere sein kann. Ihre Glaubenssätze lauten dementsprechend:

> „Mein Wille geschehe", d. h. meine Anordnungen müssen unwiderruflich befolgt werden.
> „Von mir kannst du noch viel lernen",
> „ich glaube an nichts, außer an das, was ich selbst sage",
> „wo ich bin, ist oben",
> „ich bin eine Bereicherung für andere",
> „die Starken gewinnen, die Schwachen verlieren",
> „ich mache keine Fehler",
> „ich mache immer alles richtig",
> „was nicht sein darf, kann nicht sein" usw.

Solche überheblichen Gedanken bekommt Herta, eine ältere Dame, die den Haushalt ihrer berufstätigen Tochter führt und sich um die beiden Enkelkinder kümmert, täglich schmerzhaft zu spüren. Denn statt Dankbarkeit bekommt sie von ihrer Tochter zu hören:

> „Du kannst doch froh sein, dass du noch eine sinnvolle Aufgabe hast. Außerdem sparst du in der Zeit, wo du hier bist, bei dir Heizungs- und

> Nebenkosten. Und schließlich kannst du von
> dem Mittagessen, das du für die Kinder kochst,
> mitessen. Andere in deinem Alter wären froh,
> wenn sie noch eine sinnvolle Aufgabe hätten."

Dass Herta mittlerweile vollkommen erschöpft ist und das alles nicht mehr schafft, will ihre selbstverliebte Tochter nicht wahrhaben. Sie geht davon aus, dass es so etwas wie eine Gnade ist, für sie arbeiten zu dürfen.

Aber auch bei ganz großen Verstößen gegen die in unserer Gesellschaft herrschende Werteordnung verspüren Psychopathen keine Diskrepanzen in ihren Handlungen. Der Wissenschaftler Andrzej Łobaczewski sagt auch, dass sich Psychopathen durch Herrschaft ihr eigenes Gefühl der Sicherheit verschaffen könnten.

Davon kann Beate ein Lied singen. Ihre schmerzhafte Geschichte zeigt sehr gut, wie Glaubenssätze wirken und wie mancher Charakter unverbesserlich an seinen kruden Überzeugungen festhält.

> „Als ich ein Mädchen war, wurde ich über Jah-
> re hinweg von meinem Vater sexuell belästigt.
> Meine ganze Kindheit war von permanenter
> Angst und Ekel überschattet. Und heute, nahe-
> zu dreißig Jahre später, kann ich mich immer
> noch nicht von den Gefühlen der Erniedrigung
> und Hilflosigkeit befreien. Ich fühle mich be-
> schmutzt und durch und durch wertlos."

Doch statt dass der Vater im Nachhinein Reue und Bedauern zeigt und um Verzeihung bittet, bringt er ihr weiterhin Verachtung entgegen, indem er die ganze Sache herunterspielt und sich keinerlei Schuld eingesteht. Nicht nur das, er legitimiert sein abscheuliches Verhalten noch lautstark, indem er sich die Natur zum Vorbild nimmt, wo Inzucht auch im Tierreich bei mehreren Gattungen eine ganz normale Erscheinung sei. Dass wir Menschen uns davon distanzieren, zeige ein weiteres Mal mehr, wie entfremdet wir unserem eigenen Ursprung seien.

Das erscheint unfassbar – er leugnet sein Vergehen nicht, sondern er glaubt daran, sich nur das genommen zu haben, was sein absolutes Recht war. Das ganze Leben dreht sich nur um ihn. Seine Glaubenssätze sind und bleiben stabil.

Vollkommen leidenschaftslos opfert er das Recht seiner Tochter auf ein glückliches Leben, bevor er seine eigene Integrität infrage stellen würde.

Für missbrauchte Menschen wäre es das Mindeste, dass sie wenigstens im Nachhinein ein Bedauern für ihr unfassbares Leid erfahren würden. Es ist von großer Bedeutung für die Genesung, dass die Gewaltmuster durch echte, tiefe Reue abgelöst werden. Das bedeutet noch lange keine Heilung, aber die Wahrheit und die Reue sind hilfreich, dass das Opfer im Innersten begreifen lernt, dass der Auslöser für die erlittene Gewalt nichts mit persönlicher Wertlosigkeit zu tun hat, sondern allein in dem krankhaften Verhalten des Täters begründet ist. Für Außenstehende ist es sonnenklar, dass die Opfer keine Schuld trifft, aber die schwer verwundeten Seelen können sich von einer eigenen Minderwertigkeit und oft genug auch Schuld nur sehr schwer lossprechen.

Dies ist typisch für die Glaubenssätze von Psychopathen; sie sonnen sich im falschen Licht der Überheblichkeit. Deshalb ist es so wichtig zu wissen, wie und weshalb diese Menschen so ticken. Nur so kann man lernen, angemessen mit ihnen umzugehen. Wissen ist Macht.

Selbsttäuschung

Ein weiteres Kapitel auf dem Weg des persönlichen Erwachens, bei dem die Psychopathen sehr nützliche Helfer sind, ist die Erkenntnis der allgemein praktizierten Selbsttäuschung. Ein weites und vielschichtiges Gebiet, weshalb ich es hier nur an der Oberfläche anreißen kann. Wer beginnt, sich klarer mit anderen Augen zu sehen, sollte nicht an seiner Vergangenheit verzweifeln, sondern Freude an den neuen Erkenntnissen gewinnen. Sie sind das Sprungbrett in ein waches und reifes Leben.

Generell ist die Fähigkeit, sich etwas vorzumachen, zunächst nichts Schlechtes, sondern bis zu einem gewissen Punkt überlebensnotwendig und somit eine wichtige Einrichtung der Natur. Wie sollten wir im Bewusstsein all unserer Schwächen und Ängste sonst die nötige Kraft aufbringen, das Leben zu meistern und nicht an uns zu verzweifeln? Wahrscheinlich würden wir viel eher an unserer Unvollkommenheit zerbrechen und deprimiert aufgeben. Deshalb haben wir unseren unerlösten Anteilen oder Teilpersönlichkeiten gefälligere und nettere Namen gegeben. So sagen wir lieber zu

Zwanghaftigkeit	*Ich liebe Ordnung.*
Geiz	*Ich bin sparsam.*
Ich kann nicht Nein sagen.	*Ich bin immer hilfsbereit.*
Lügen	*Ich will anderen nicht wehtun.*
Schadenfreude	*Die anderen haben das wirklich verdient.*
Angst	*Ich bin nur vorsichtig und vernünftig.*
Neid	*Das Leben ist ungerecht.*

anderen nachspionieren	Ich interessiere mich für meine Mitmenschen.
ungewollter Anpassung	Ich breche mir keinen Zacken aus der Krone.
Selbstmitleid	Andere sind schuld, dass es mir schlecht geht.
Egoismus	Ich habe keine Zeit, mich um andere zu kümmern, die anderen wollen / brauchen keine Hilfe.

So in etwa sehen unsere Verpackungen aus. Sie machen uns das Leben zeitweise einfacher, belassen uns aber dafür im Zustand des Schlafwandlers. Ich finde das, auf Dauer gesehen, ganz und gar nicht erstrebenswert. Irgendwann sollte für jeden von uns einmal der Wecker läuten, der uns aus dem Tiefschlaf weckt. Die Psychopathen sind hervorragende Wecker, weil sie sich nicht so leicht wieder abstellen lassen und uns deshalb beharrlich nach vorn treiben. Zwischendurch können wir uns im Stillen auch ruhig mal dafür bedanken.

Wer sich also mit der Zeit neue Kompetenzen aneignen kann und die Zusammenhänge verstehen lernt, dem wird plötzlich klar, dass Erkennen nämlich Wachstum und Fortschritt bedeutet – ein Geschenk, für das wir aus ganzem Herzen dankbar sein dürfen.

Doch die Fallstricke liegen nicht immer offen. Nur durch eine hohe Bereitschaft zur intensiven Selbstwahrnehmung können wir sie erkennen und ihnen ausweichen.

Das kann ich aus eigenen Erfahrungen bestätigen. Als ich vor vielen Jahren Sekretärin in einem sehr chaotischen Unternehmen war, musste ich mich jeden Tag nach der Arbeit mehrere Stunden regenerieren, bevor ich irgendetwas anderes beginnen konnte. Wenn mich jemand fragte, warum ich diesen anstrengenden Job nicht an den Nagel hänge, hatte ich mehrere einleuchtende Erklärungen parat:

„Ein kurzer Weg zur Arbeit",
„ein schönes Gehalt",
„ich kann kommen und gehen, wann ich will",
„niemand schreibt mir etwas vor",
„ich muss meine Arbeit nicht rechtfertigen, da mir keiner in die Karten gucken kann",
„ich arbeite mit sehr netten Geschäftspartnern zusammen, die mir Freude bereiten",
„ich kann sehr viel Gutes bewirken".

Ganz ohne Zweifel war das richtig, aber dennoch spürte ich auch, dass dies nicht der alleinige Ausschlag war. Als ich eines Tages auf dem Rückweg von einem Seminar im Zug saß und daran dachte, wie viel Unmut mir der Gedanke an den kommenden Arbeitstag bereitete, nahm ich also endlich, was längst überfällig war, einen Block und einen Stift aus meinem Koffer und begann mich zu hinterfragen. Das Ergebnis war nicht wirklich überraschend, aber nun stand es schwarz auf weiß auf einem Blatt, und ich konnte es nicht mehr als diffuses Gefühl verdrängen. Ich genoss es auch, in meinem Job unersetzlich zu sein, für meine Leistungen bewundert zu werden und meine Entscheidungen ohne Absprachen zu treffen. Doch ausschlaggebend war, dass sich ein deutliches Unbehagen bei der Vorstellung einstellte, mich an einem neuen Arbeitsplatz wieder einarbeiten zu müssen und meine Privilegien zu verlieren.

Ich muss davon ausgehen, dass diese Gründe den größten Ausschlag gegeben haben, mich nicht von der Stelle zu rühren. So ist das im Leben. Auch negative Erfahrungen sind nicht immer nur schlecht. Unter der Oberfläche nähren sie uns möglicherweise dafür in anderen Bereichen oder bestätigen zumindest unsere einschränkenden Glaubenssätze. Sehr oft ist uns der Spatz in der Hand deshalb lieber als die Taube auf dem Dach. Wer sein Verhältnis zu seinen Quälgeistern beleuchtet, wird schnell merken, dass er ihnen nicht alles zurechnen kann, sondern selbst sehr viel dazu beiträgt, dass sich nichts verändert. Wann immer mir Menschen von Mobbing am Arbeitsplatz klagen, sollte man beispielsweise meinen, dass sie alles daransetzen, um ein neues Arbeitsverhältnis zu finden. Aber das ist weit gefehlt. Sie schieben oft verschiedene Argumente vor sich her, die solch einen Plan vereiteln:

> „So viel Geld kann ich woanders nicht verdienen",
> „an anderen Arbeitsplätzen gibt es auch Probleme",
> „sie werden mir ein schlechtes Zeugnis ausstellen" usw.

Nach genauerem Befragen zeigen sich dann aber die eigentlichen Gründe:

> „Ich weiß nicht, wie man eine Bewerbung schreibt",
> „ich weiß nicht, wie man ein Bewerbungsgespräch führt",
> „ich weiß nicht, wie ich mich neuen Kollegen gegenüber verhalten soll",
> „ich bin schon zu alt, um Neues schnell aufzunehmen",

„ich kann nicht mehr so schnell arbeiten wie
junge Menschen",
„ich kenne am Computer nur das eine Pro-
gramm, das ich bediene" usw.

All diese Gedanken werden zurückgedrängt und die eigene
Verantwortung geleugnet. Und weiterhin wird die ganze
Schuld am eigenen Befinden allein dem Bösewicht in die
Schuhe geschoben. Die Wahrheit vermischt sich zu einem
einzigen Brei aus gemeinem Angriff und eigener Schwäche.
Wollten wir einen Lehrsatz davon ableiten, würde er unge-
fähr so lauten:

*Wenn ich in einer unerträglichen Situation ver-
harre, muss die Angst vor einer Veränderung größer
sein als der Schmerz, den ich aushalte.*

Gönnen Sie sich die Offenheit zu betrachten, ob Sie wirklich ausgeliefert sind oder ob Sie andere Möglichkeiten nicht
in Betracht gezogen haben. Es ist ein Geschenk des Lebens,
wenn Ihr Wecker läutet.

Das eigene Ich hinterfragen

In diesen Prozessen kommen Sie auch der wohl wichtigsten
Lebensfrage näher, nämlich: Wer bin ich? Nur sehr wenige
Menschen werden diese Frage wirklich beantworten können.
Eckart Tolle sagt so treffend: Wir identifizieren uns mit unse-
rer Geschichte, aber nicht mit unserem Sein.

Wenn man gefragt wird, wer man ist, gibt man vielleicht
seinen Namen an, oder man sagt, auf welcher Schule man
war, welchen Beruf man gelernt hat oder gerade ausübt. Wir

wurden als Kleinkinder schon so erzogen, dass wir uns mit Namen, Tätigkeiten, Eigenschaften und Gegenständen bzw. deren Besitz identifizieren. Deshalb haben wir auch so viele Ängste, dass uns jemand etwas wegnimmt oder dass wir zu kurz kommen. Wir sehen uns mit allem Materiellen so stark verbunden, als wäre es ein Teil von uns selbst und ein Verlust würde einem Ich-Verlust gleichkommen. Die Werte in unserer Gesellschaft unterstützen diese Gedanken. Man könnte es vereinfacht auf den Punkt bringen: Man ist, was man hat. Und die Werbung tut das Ihre, um diese Überzeugungen zu bekräftigen und zu schüren. Sie suggeriert uns, dass wir uns durch Statussymbole definieren und ausdrücken können und dadurch noch mehr an Bedeutung gewinnen. Wir können dann quasi öffentlich beweisen, wer wir sind. Aber das ist ein großer, fataler Irrtum. Das Schlimmste dabei ist, dass durch solche Anstrengungen niemand erfahren wird, dass er eine einmalige, spirituelle, unsterbliche Seele ist.

Zu welchen Erkenntnissen Sie persönlich auch kommen mögen – Sie sind jedenfalls nicht das, was Sie momentan zu sein glauben und schon gar nicht das, was die Psychopathen Ihnen weismachen wollen zu sein, nämlich eine leichte Beute und ein gefügiges, wertloses Opfer.

Füreinander einstehen

„Die Welt wird nicht bedroht von den Menschen, die böse sind, sondern von denen, die das Böse zu-lassen."

Albert Einstein

Diese Einsicht scheint in unserer Welt noch nicht angekommen zu sein. Immer wieder erfahre ich, dass Menschen beispielsweise am Arbeitsplatz gequält werden, und dass Kollegen, Vorgesetzte und oft genug auch Betriebsräte bewusst wegschauen. Doch durch diese stille Duldung öffnen sie dem Psychoterror erst wirklich Tür und Tor und machen ihn salonfähig. Ich frage mich oft, in welcher Welt leben wir eigentlich? Gibt es niemanden mehr, der noch bereit ist, für Gerechtigkeit einzustehen? Sind wir jetzt alle in einem schlechten Computerspiel gefangen? Wie kann das sein, dass Menschen, die andere öffentlich schikanieren, unbehelligt davonkommen und mit dieser Haltung noch Geld und Anerkennung verdienen? Und macht sich nicht jeder, der eine strafbare Handlung duldet oder unterstützt, damit ebenfalls zum Täter?

Einer Studie der Universität Frankfurt zufolge sind allein in Deutschland ca. 1,6 Mio. Menschen von Mobbing betroffen. Offensichtlich haben wir in diesem Land noch kein Bewusstsein dafür entwickelt, dass die Menschenwürde ein sehr hohes Gut ist, das es zu beschützen gilt. Sicherlich hat es immer schon Einzelne gegeben, die bereit waren, Schwächere zu unterstützen und für sie einzustehen. Doch solange es nur Einzelne sind, geraten diese mutigen Menschen dadurch manchmal selbst in denselben Sog von Gewalt und Schikane und müssen ihrerseits mit Repressalien rechnen.

Viele Arbeitgeber ignorieren offensichtlich, dass sie ihren Mitarbeitern gegenüber eine Fürsorgepflicht innehaben und für eine gewaltfreie Arbeitsatmosphäre verantwortlich sind.

Hier drängt sich die Frage auf, ob Unternehmer eigentlich nicht wissen, dass jede Art von Konflikten für das Unternehmen wirtschaftliche Einbußen zur Folge hat. Mitarbeiter, die gemobbt, ignoriert, beschimpft oder auf andere Arten misshandelt werden, verlieren die Freude an ihrem Job und einen Großteil ihrer Leistungsfähigkeit. Sie sind nicht mehr bereit, sich für eine Firma mit Engagement einzusetzen, die sie krank macht und zu ihrem schlimmsten Albtraum geworden ist.

Der Arbeitgeber muss nicht nur mit höherem Krankenstand rechnen. Durch den dadurch resultierenden häufigeren Personalwechsel entstehen immer wieder zusätzliche Kosten.

In Großbritannien soll sich jedoch neuerdings etwas geändert haben. Anscheinend weht dort zum Thema „psychische Gewalt am Arbeitsplatz" ein anderer Wind. Demnach werden zur Abschreckung Firmen mit Strafzahlungen in Millionenhöhe verurteilt, wenn ihnen gesicherte Kenntnisse von Misshandlungen am Arbeitsplatz vorlagen und sie nicht darauf reagiert haben. So ist dort nach und nach ein Wandel zu beobachten, und viele Unternehmen achten bereits bei Neueinstellungen durch den Einsatz von speziell dafür ausgearbeiteten Fragebögen darauf, dass sie keine Mitarbeiter mit psychopathischen Strukturen einstellen. Es versteht sich von selbst, dass sie dies nicht aus Mitgefühl für die Opfer tun, sondern weil die Kosten eventueller Schadensersatzzahlungen sowie der rasante Anstieg krankheitsbedingter Arbeitsausfälle wegen Stress und angstbedingter Destabilisierungskrankheiten hohe Summen verschlingen.

Täglich spielen sich ebenso ungehindert und vor aller Augen unzählige Dramen in Familien ab. Und auch da verschließen Außenstehende oder Verwandte die Augen vor körperlicher und psychischer Gewalt. So ist das wirkliche Problem nicht im Verhalten einzelner skrupelloser Menschen zu suchen, sondern in unserer Kultur des Duldens und Wegschauens.

Es gibt aber auch Beispiele von unerwarteter Größe, wie etwa diese Geschichte belegt, die sich in der dritten Grundschulklasse meines Sohnes ereignet hat.

In einer gemeinsamen Religionsstunde stahl ein Kind aus der Parallelklasse einem Mädchen aus der Klasse meines Sohnes einen Ordner mit Sammelbildern. Als sich am nächsten Tag herausstellte, wer den Ordner entwendet hatte, waren die Klassenkameraden so entrüstet, dass sie nach der Schule einen Kreis um diesen Jungen bildeten und ihn gemeinsam verprügeln wollten. Aber ein Kind stellte sich dazwischen und sagte, dass in seiner Gegenwart kein Mensch, egal was er getan habe, geschlagen werde, und schickte alle nach Hause.

Kurze Zeit danach erzählte mir die Klassenlehrerin Folgendes: Der Mitschüler, der den Jungen beschützte, schenkte ihm am nächsten Tag seine Bilder, die er zu Hause ohnehin nur in einer Schublade aufbewahrte. Darauf reagierte die Klasse empört. Also stellte er sich an die Tafel und sagte: „Ihr alle wusstet genau, dass der Junge aus einer armen Familie kommt, die kein Geld hat, um ihm Bilder zu kaufen. Und wenn jeder von euch ihm eines geschenkt hätte, hätte er bestimmt diesen Ordner nicht mitgenommen. Er wollte doch nur dazugehören."

Daraufhin stand das Mädchen, dem der Ordner gestohlen worden war, auf und schenkte dem Jungen einige Bildchen. Die anderen Kinder folgten seinem Beispiel und teilten mit ihm, sodass sich ein ganzer Berg von Bildern auf seinem Tisch ansammelte.

Die Lehrerin beobachtete zunächst alles sprachlos und staunend und fragte dann: „Wisst ihr, was es bedeutet, wenn man sagt, dass Menschen zueinander Brücken bauen? Nein? Ihr habt heute Brücken gebaut!"

Sie erzählte mir noch, dass sie sehr stolz und unglaublich gerührt war und beim Sprechen mit den Tränen kämpfen musste. Und überhaupt sei die ganze Klasse, so sagte sie, sehr zufrieden mit sich und glücklich gewesen. Und der Junge war am Ende wieder einer von ihnen.

Ja, so weise und leicht kann man auch Konflikte lösen. Das Verhalten dieser kleinen Kinder kann viele Erwachsene in Konfliktsituationen nur beschämen. Ich jedenfalls werde diese Geschichte niemals vergessen können und schöpfe immer wieder von neuem Mut daraus.

Wer sich für die Dinge im Leben starkmacht, die ihm lebenswert und liebenswert erscheinen, wird nicht nur anderen helfen, sondern auch an sich selbst wachsen und viele Möglichkeiten finden, Ungerechtigkeit entschlossen und sicher entgegenzutreten. Er wird immer deutlicher erkennen, dass das, was die Psychopathen als Macht bezeichnen, in Wirklichkeit nichts anderes als eine gut getarnte seelische Mülldeponie ist.

Wie man sich gegen Psycho- pathen wehrt

Viele Menschen erdulden eine schlechte Behandlung, weil sie keine Erfahrungen haben, wie sie für ihre Bedürfnisse einstehen können. Obendrein befürchten sie noch, als egoistisch und hartherzig abgestempelt zu werden – kein Wunder also, dass ihnen das Abgrenzen zunächst großes Unbehagen bereitet.

Wer nicht handelt, der wird behandelt

„Wer sich vor dem Ertrinken fürchtet, tut besser daran, schwimmen zu lernen, als dem Wasser auszuweichen."

Karl Heinrich Waggerl

Es scheint sehr schwierig, sich gegen Psychopathen zur Wehr zu setzen, und vielleicht versetzt Sie allein der Gedanke daran schon in Angst und Sie glauben, das nie und nimmer fertigzubringen. Auch ich selbst musste einst den ersten Schritt tun und mich überwinden, musste üben, diesen Schrecken vor ihnen zu verlieren. Jeder, der lange solchen Menschen ausgeliefert war, fühlt sich ein Stück weit ohnmächtig. Aber wie gesagt, wir ziehen ja nicht in den Krieg, sondern entwickeln lediglich ein persönliches Navigationssystem, um diese Quälgeister in ihre Schranken zu weisen. Und diese Spezies ist wirklich alles andere als unbesiegbar. Wir wissen jetzt, dass sie nur deshalb so handeln, weil sie kein Gewissen haben, das sie zurückhält, und nicht, weil sie so stark sind. Wer das verinnerlicht, dem hilft das sehr viel weiter, denn er erkennt, dass er nicht gegen Stärke ankämpft, sondern gegen einen großen Mangel.

Lesen Sie dieses Kapitel aufmerksam durch und streichen Sie die Gedanken und Beispiele an, deren Umsetzung für Sie infrage kommt. Meine Klienten haben oft jedes Wort, das sie sagen wollten, zuvor auswendig gelernt, da die Angriffsmuster in der Regel gut vorhersehbar sind. Das hat ihnen viel Sicherheit gegeben und sie nicht erneut als Verlierer aus dem Konflikt hervorgehen lassen. Vertrauen Sie einfach Ihrem

Gefühl, das wird Ihnen guttun, und akzeptieren Sie auch respektvoll Ihre Ängste, sonst würden Sie sich überfordern und nur weiteren Druck aufbauen.

Also, jetzt wollen wir einmal in den Ballon hineinstechen und etwas Luft herauslassen.

Ein Psychopath verfolgt mit seinen Angriffen ein sehr konkretes Ergebnis: Er möchte herabsetzen oder verletzen, um sich selbst dadurch eine vermeintliche Überlegenheit zu attestieren, sich als der Stärkere zu fühlen oder einen ähnlichen Lustgewinn zu erzielen. Ebenso ist der Wunsch, Kontrolle auszuüben und zu manipulieren, bekanntlich ein ganz markanter Wesenszug.

Da Angriff für ihn als die beste Verteidigung erscheint, verhält er sich zuweilen wie ein Kettenhund, der aus Hilflosigkeit bei jedem, der sich ihm nähert, wahllos um sich beißt. Wer diese Angriffe still und leise über sich ergehen lässt, verhilft ihm zum Erfolg. Die Attacke wird für ihn zu einem lustvollen Erlebnis, das er zwanghaft wiederholen wird. Schließlich hat er genau das bekommen, was er in diesem Moment benötigte. Deshalb passen freundliche, gutgläubige und vor allem ängstliche Menschen perfekt in sein Beuteschema, da diese mit geringstem Aufwand den größtmöglichen Erfolg versprechen.

Außerdem neigen sehr gutgläubige Menschen noch viel stärker dazu, auf Psychopathen hilfsbereit zuzugehen, weil sie dem unerschütterlichen Glauben folgen, dass auch jeder noch so skrupellose Mensch irgendwo Güte und Liebe in sich tragen muss, und hoffen, dass sie durch ihr Entgegenkommen irgendwann zutage treten werden. Das ist zwar verständlich und sehr lobenswert, aber es ist ein kapitaler Fehler.

Wir wissen weiter, dass jene häufige Bestätigungen benötigen. Das Tückische daran ist nur, dass sie in der Lage sind, sich diese selbst in hohem Maße auf Kosten anderer zu holen. Während Sie beispielsweise bemüht sind, für Anerkennung eine gute Leistung zu erzielen, stehen jenen mit emotionalem Mangel ganz andere Mittel zur Verfügung. Sie setzen andere herab, spielen sich auf usw. und schon fühlen sie sich wieder ganz oben.

Wenn Sie in einer solch bedrohlichen Lebenslage gefangen sind, dass Ihnen Unrecht geschieht und Sie sich ohnmächtig ausgeliefert fühlen, benötigen Sie nicht nur das Wissen darum, dass es vielen anderen ebenso geht, sondern Sie brauchen ein großes Repertoire an Handlungskompetenzen, um sich mit eigener Kraft und Klugheit aus dem Sumpf zu ziehen. Sie alleine sind der Hüter Ihrer Seele und Ihres Körpers, weshalb es so wichtig ist, gut für sich zu sorgen.

Eine große Bitte dabei: Bleiben Sie achtsam, dass Sie es den Psychopathen nicht gleich tun und unnötig am Rad des Schmerzes drehen.

Die Welt da draußen tut sich schon schwer genug und bedarf dringend der Heilung. Deshalb wollen wir nicht vergessen, dass auch unsere Abwehrmechanismen bei ihnen Leid erzeugen. Gehen Sie deshalb bei allem, was Sie planen und tun, respektvoll damit um, ähnlich wie mit einem Schmerzmittel. Man nimmt nur so viel wie nötig ist, sonst läuft man Gefahr, sich zu vergiften. Ihr Abwehrmechanismus soll Ihre Lebensqualität sichern, und sonst nichts. Wir wollen uns hier nicht als Richter aufspielen. Unser einziges Ziel ist, Gesundheit und Gefühle vor ihrem groben Verhalten durch souveräne und kompetente Reaktionen zu schützen. Das macht ja gerade den Unterschied zwischen denen und uns aus. Wir handeln, um Not zu beseitigen, und nicht, um weitere zu erschaffen.

Es wäre mir zwar viel lieber gewesen, Ratschläge für nette und freundliche Verhaltensweisen zu geben, wie man sie im täglichen Umgang mit ganz „normalen" Menschen und Situationen hilfreich einsetzen kann. Doch bei Menschen mit abweichendem Sozialverhalten gelten andere Regeln. Wenn Sie im Konfliktfall auf sie zugehen würden und beispielsweise fragen: „Habe ich Sie vielleicht unwissentlich verletzt, da Sie sich so abweisend verhalten? Das würde mir wirklich sehr leidtun. Bitte geben Sie mir Gelegenheit, die Sache aus der Welt zu schaffen", wäre es für jene nichts anderes als eine persönliche Schwäche und eine Unterwerfung, obwohl sie eventuell dem Schein nach sehr freudig auf Ihr Angebot eingehen würden. Demütiges Verhalten ihnen gegenüber finden sie sehr angemessen und vielseitig verwendbar.

Ebenso wenig sollten Sie versuchen, mit der gleichen Wucht und Aggression zurückzuschlagen, da Sie sich dann einem Bollwerk von Niedertracht und Kaltblütigkeit aussetzen würden, dessen Sie nicht gewachsen wären – Gott sei Dank nicht. Aber wie gesagt, dies soll nicht der ausschlaggebende Grund sein. Dafür bekommen Sie eine andere Genugtuung. Gerade durch ihre aggressiven Machtspiele verführen solche Menschen andere leicht dazu, auch gemein zu werden, was ihnen eine tiefe Befriedigung bereitet. Dann können sie sich ein weiteres Mal der Illusion hingeben, dass ihre Mitmenschen auch nicht besser sind als sie selbst, und rechtfertigen damit erneut ihre groben Unverschämtheiten.

Die vielen Beispiele, die ich in diesem Kapitel beschreibe, beziehen sich auf den Berufsalltag, auf die Familie oder andere Situationen. Sie lassen sich untereinander in alle Bereiche übertragen. Wichtig ist allein, dass Sie verstanden haben, wie Psychopathen ticken und wie Sie darauf reagieren können, um gute Erfolge zu erzielen. Wir werden schrittweise mit den einfachsten Reaktionen und Abwehrhandlungen beginnen und uns nach und nach steigern.

Vielleicht haben Sie Freude daran, für die erste Zeit ein Tagebuch zu führen, das Ihnen Mut machen und zeigen kann, was Sie schon alles erreicht haben. Zwar lässt sich Ihr Gegenüber schnell beeindrucken und hält sich eine Weile zurück, doch werden Sie in Abständen immer wieder Ihre Position behaupten müssen. Und da ist es hilfreich, sich anhand der bisherigen Erfolge zu motivieren.

Rette sich, wer kann

Bevor wir uns jetzt an die Arbeit machen, möchte ich auf eines hinweisen: Wann immer ich mit Menschen über ihre Probleme spreche, ermutige ich sie, nicht vor ihnen wegzulaufen, weil die Auseinandersetzung eine große Gelegenheit bietet, über ihre bisherigen Möglichkeiten hinauszuwachsen. Wer in engem Verhältnis mit einem Psychopathen steht, kann ohne Zweifel sehr viel lernen, aber auf der emotionalen Ebene wird er wohl nie mehr erreichen können, als sich zu schützen. Ein Leben oder einen Berufsalltag voller Vertrauen und Frieden wird mit einem solchen Menschen nicht möglich sein. Das erlaubt seine Struktur leider nicht. Enge Begegnungen werden deshalb immer unbefriedigend und schmerzhaft bleiben. Ich würde deshalb generell jedem, der eine Möglichkeit sieht, raten, sich dem Einfluss eines Psychopathen zu entziehen, dies auch so schnell wie möglich zu tun oder zumindest die höchstmögliche Distanz zu schaffen. Ihnen bleibt dennoch genügend Gelegenheit, aus der Begegnung viel zu lernen, das kann ich Ihnen versprechen.

Der Volksmund sagt zu Recht: „Wenn man wie eine Rose duften will, muss man sich mit Rosen umgeben." Das stimmt aber auch im anderen Fall: Wer von harten, berechenbaren und herzlosen Menschen umgeben ist, wird davon beeinflusst. Von ihnen geht so viel Zerstörung und Kälte aus, dass sich seine Seele im wahrsten Sinne des Wortes an ihnen erkältet und erkrankt.

Natürlich weiß ich, dass es nie einfach ist, alle Zelte abzubrechen, sich einmal schnell scheiden zu lassen, seinen Job zu kündigen oder einen Umzug zu planen. Das sind ganz große Veränderungen. Doch wer wirklich mit dem Rücken zur Wand steht, sollte wenigstens einmal darüber nachdenken.

Viele Menschen mussten beispielsweise nach einem Zusammenbruch ihren Arbeitsplatz kündigen und haben danach einen viel besseren Job gefunden, der ihnen Freude bereitet. Im Rückblick denken sie oft daran, dass sie einen Wechsel viel früher hätten wagen sollen. Aber damals waren sie bereits viel zu sehr in ihrer eigenen Hilflosigkeit gefangen. So sind wir Menschen eben veranlagt. Wir fürchten uns vor dem Neuen so sehr, dass wir krampfhaft am Alten festhalten, selbst dann noch, wenn es uns bedroht.

Deshalb sind vor allem jenen, die auf die Schnelle keine Fluchtmöglichkeit sehen oder ihren Herausforderungen auf andere Art begegnen möchten, die nachfolgenden Seiten gewidmet. Wir machen uns jetzt an die Arbeit und werden am Ende hervorragende Erfolge verbuchen dürfen. Verlieren Sie dabei nie den Mut; Sie werden es schaffen, und zwar viel leichter, als Sie es sich jetzt noch vorstellen. Verabschieden Sie sich auf jeden Fall schon einmal innerlich von Ihrem Tyrannen mit den netten Worten: „Geh mit Gott, aber geh."

Die Angst vor der Angst

Vielleicht zittern Ihnen die Knie schon bei dem bloßen Gedanken, sich gegen diese Giftmischer zu erheben, denn schließlich verkörpern sie ja das Bild des Unbesiegbaren und Überlegenen, dem Sie mit Ohnmacht gegenüberstehen. Doch bedenken Sie: Sich hilflos zu fühlen heißt noch lange nicht, auch hilflos zu sein. Es ist lediglich eine Annahme und keine Wirklichkeit. Dennoch sind Sie wahrscheinlich felsenfest davon überzeugt, dass man Ihnen schon von Weitem Ihre Angst ansieht und sie in Ihrer Stimme hören kann. Kann sein, dass es so ist. Aber deshalb muss es nicht immer so weitergehen.

Am Ende zählt nicht, wie groß Ihre Ängste sind, sondern wie konfrontativ Sie damit umgehen können. Gerade ein Psychopath, der in erster Linie auf Maskerade und Täuschung setzt, weil er immer irgendeine Rolle spielt, beneidet im Stillen durchaus authentische Menschen. Sie haben ihm etwas voraus, was er nie erreichen kann. Denn er weiß sehr gut, dass es immer noch mehr Persönlichkeit erfordert, Schwächen zu zeigen, als sie zu überspielen.

Man kann grundsätzlich sowieso immer ängstlich und mutig zugleich sein. Wie viele Feuerwehrleute riskieren jedes Jahr ihr Leben, wenn sie in brennende Häuser stürmen, um andere zu retten? Sie spüren bestimmt auch Angst dabei, aber sie bezwingen sie in dem Moment und folgen ihrer Berufung. Angst zu verspüren gehört zu unserem Menschsein und ist keine Schande. Kein gesunder Mensch kann sich davon ausnehmen, dass es Situationen gibt, die ihn ängstigen. Zu unserer Geißel wird die Angst aber erst dann, wenn wir Angst vor der Angst bekommen und versuchen, sie zu verstecken. Das klappt meistens nicht. Gehen wir aber offen damit um und können gerade heraus sagen: „Ja, das macht mir noch Angst", dann ist man sie zwar nicht los, aber sie wird schwächer und dominiert nicht mehr alle Handlungen. So bleibt man trotz allem immer noch eine Respektsperson. Ich kann es nur immer wieder wiederholen: Schwächen gehören zum Menschsein, und sie nicht zu leugnen zeugt immer von Stärke und von Ganzheit. Je weniger Versteckspiel sich ein Mensch erlauben kann, desto authentischer und stärker ist er.

Selbstverständlich wird es beim Üben immer wieder Rückschläge geben, ganz gleich, wie sehr Sie sich bemühen und wie gut Sie vorbereitet sind. Wir fallen so lange in die alten Muster zurück, bis wir sie ganz und gar aufgelöst haben. Aber auch das gehört dazu. Und es ist gar nicht schlimm, wenn Sie in einer Situation Ihrer Meinung nach nicht angemessen reagiert haben. Seien Sie geduldig und verlangen Sie nicht zu schnell zu viel von sich. Anfangs kann man Ihnen vielleicht noch deutlich Ihre Angst ansehen. Na und? Das macht nichts, denn wenn Sie bereit sind, Ihre Angst zu akzeptieren und bewusst damit umgehen, kann sie sogar als positive Waffe gezielt eingesetzt werden. Sie können dem Psychopathen nämlich mit Offenheit imponieren, indem Sie beispielsweise beginnen:

> „Ich möchte Ihnen etwas sagen, was mir nicht leichtfällt. Und das sieht man mir sicherlich auch an. Aber so ist das eben mit den menschlichen Eigenschaften, da zählen auch unangenehme oder beunruhigende Gefühle dazu. Doch am Ende zählt nicht, was wir empfinden, sondern wie entschlossen wir damit umgehen …"

Und dann können Sie sagen, was Sie auf dem Herzen haben. Ganz gleich, wie das Gespräch verlaufen wird, Sie haben es trotz Ihrer Angst souverän begonnen. Auch wenn Sie im ersten Gespräch inhaltlich keine befriedigende Lösung erzielen, ist das zunächst nicht schlimm, denn Sie selbst können entscheiden, wann Sie daran anknüpfen möchten. Das kann eine Woche später sein oder schon am nächsten Tag. Wichtig ist nur, damit zu beginnen und kontinuierlich Beharrlichkeit und Rückgrat zu zeigen. Eine Fortsetzung könnte beispielsweise so aussehen:

> „Ich möchte noch einmal unser Gespräch aufgreifen, da ich mit dem Ausgang noch nicht glücklich bin. Schließlich verspricht eine Lösung nur dann langfristig Erfolg, wenn sie von allen Beteiligten getragen wird."

Das hat sich schon unzählige Male bewährt: Einfach am nächsten Tag oder einige Zeit später, wenn man sich sortieren konnte, das Thema noch einmal aufzugreifen. In der Regel läuft es einem nicht davon.

Genauso gut können Sie nach einem unverschämten Telefonat später wieder anrufen und beispielsweise sagen:

> „Ich möchte mich noch einmal kurz melden, um zu sagen, dass mir die Art und Weise, wie Sie dieses Gespräch geführt haben, nicht gefallen hat. Sicherlich können Sie sich nicht besser ausdrücken, aber es hat Sie nicht geehrt."

Damit können Sie sich entlasten, weil Sie für sich einstehen, und das fühlt sich sehr gut an. Man kann sich auch generell angewöhnen, nicht sofort zu reagieren, um Zeit zu haben, innerlich erst wieder runterzukommen und das Passende durchdacht zu formulieren.

Ein Klient klagte mir beispielsweise, dass sein Vater ihn immer wieder mit spitzen Bemerkungen im Beisein seiner Kinder lächerlich machte. Und jedes Mal fühlte er sich von der Unverschämtheit total überrumpelt, brachte es aber auch nicht fertig, ihn in Gegenwart der Familie bloßzustellen. Deshalb entschied er sich für einen Mittelweg. Machte ihn sein Vater lächerlich, antwortete er betont ruhig:

> „Das war der falsche Ton. Wir werden später noch darüber sprechen. Ich möchte dich nicht vor den Kindern maßregeln."

Oder:

> „Wir sollten heute Abend ein Gespräch miteinander führen. Ich befürchte nämlich, dass du meine Höflichkeit dir gegenüber mit Dummheit verwechselst."

Damit zeigte er, dass er sich das nicht bieten lässt, und nebenbei gewann er noch genug Zeit, um sich die geeigneten und souveränen Worte zurechtzulegen, was ihm sonst im erhitzten Zustand nicht gelungen wäre. Und auch seinen Kindern gegenüber wahrte er sein Gesicht. Übrigens verlor der Vater natürlich seinen Spaß daran, weil er es hasste, nicht als Gewinner aus einer Situation herauszugehen und obendrein noch gemaßregelt und zu einem Gespräch zitiert zu werden.

Körpersprache

Es ist sehr hilfreich, an einem souveränen Auftreten zu arbeiten, denn die Körpersprache ist ein sehr bedeutendes Kommunikationselement. Nehmen Sie sich die Zeit, zu Hause daran zu üben, damit Sie sicherer werden und auch mit der Körpersprache gezielt die richtigen Botschaften vermitteln. Die Mühe lohnt sich wirklich. Außerdem wird mit der Zeit all das, was zunächst bewusst an Haltung und Sprache eingesetzt wird, verinnerlicht. Es gibt eine alte Weisheit, die lautet: Außen wie innen und innen wie außen. Das heißt, dass sich nicht nur unsere Gefühle auf die Körperhaltung auswirken, sondern umgekehrt auch unser Körper unentwegt unsere Emotionen beeinflusst. Um das zu verdeutlichen, gibt es sehr schöne Übungen.

Nehmen Sie beispielsweise die Haltung eines Königs ein, der würdevoll und langsam durch die Reihen seiner Diener auf seinen Thron zuschreitet. Auf dem Kopf spüren Sie die schwere Krone, der kostbare Hermelinmantel kleidet Sie vorzüglich. Nach kurzer Zeit werden Sie spüren, dass diese Körperhaltung sich auf Ihre innere Haltung überträgt. In einem gewissen Rahmen können Sie jetzt nachvollziehen, wie sich ein König fühlt. Und das deshalb, weil Sie selbst Würde in sich tragen. Durch die veränderte Körperhaltung sind Sie quasi mit dieser Eigenschaft in sich selbst in Kontakt getreten. Das ist der springende Punkt. Es entstehen Assoziationen, die mit der Körperhaltung kohärent sind.

Wenn Sie sich zur Übung wie ein Bettler zusammengekrümmt in eine Ecke kauern, werden ganz andere Aspekte wirksam. Es werden Emotionen von Armut, Hilflosigkeit, Ausgestoßensein, Verlassenheit usw. auftauchen, aber jedenfalls nicht von Macht und Größe.

Wenn Sie also zu Hause zur Übung des Öfteren die Haltung einnehmen, die Sie in Auseinandersetzungen gerne einnehmen möchten, trainieren Sie nicht nur die Körperhaltung, sondern Sie aktivieren die Bereiche von Kraft und Sicherheit in sich. Das ist eine gute Unterstützung.

Gehen wir einmal davon aus, dass Sie unvorbereitet von einem emotionalen Angriff überrascht werden. Wie reagieren Sie? Wahrscheinlich sind Sie verunsichert oder sogar verstört. Sie sind emotional verletzt, und Ihr ganzes Gebaren lässt vielleicht erkennen, dass Sie aus der Fassung geraten sind. Das wiederum ist ein gutes Signal für Ihr Gegenüber, dass seine Strategie erfolgreich war und es so weitermachen kann. Aber so soll es nicht bleiben.

Nehmen Sie sich jetzt eine Minute Zeit, schließen Sie die Augen und lassen Sie eine Situation, in der Sie sich angegriffen fühlten, vor Ihrem inneren Auge Revue passieren. Nehmen Sie dabei die Position des Beobachters ein und betrachten Sie sich von außen. Was geschah mit Ihnen? Wie veränderten sich Ihr Blick, Ihre Körperhaltung? Wie war der Klang Ihrer Stimme? Waren Sie verstört, wollten Sie sich rechtfertigen? Waren Sie verletzt, wo hatten Sie Ihre Hände, haben sie gezittert?

Falls Sie sich gerade so erlebt haben, wie Sie nicht wahrgenommen werden wollen, beginnen Sie mit dem Üben. Dann können Sie vielleicht schon beim nächsten Mal, wenn Sie beispielsweise jemand anschreit, mit festem Blick erwidern:

> „Ich sehe Ihr großes Bemühen, mich mit Lautstärke zu beeindrucken. Aber ich muss Sie enttäuschen, denn Entgleisungen dieser Art zeugen immer von Schwäche und ganz bestimmt nicht von Stärke."

Stellen Sie sich vor den Spiegel und üben Sie die Mimik und Gestik ein, mit denen Sie sich souverän fühlen und mit denen Sie sich gut identifizieren können. Üben Sie so lange, bis Sie es automatisch abrufen können, wann immer Sie es brauchen. Stellen Sie sich einfach vor, Sie wären ein Schauspieler und müssten Ihre Rolle lernen. Wenn dann der Tag kommt, an dem Sie bereit sind, auf eine Konfrontation andere Reaktionen zu zeigen, schlüpfen Sie in Ihre einstudierte Rolle und spielen sie so überzeugend, als wären Sie auf einer großen Bühne. Und was passiert dann? Es stehen sich plötzlich zwei Schauspieler gegenüber. Das ist alles. Nur sind die Psychopathen gewöhnlich noch die Regisseure dieser Dramen; sie spielen außerdem die Hauptrollen und die anderen die Statisten. Doch in Bezug auf Ihre Person ändert sich nun etwas. Sie werden zum bewussten Mitspieler und nehmen die Ihnen zugewiesene Statistenrolle nicht mehr an.

Das Thema Körpersprache ist ein sehr großes und faszinierendes Gebiet, das in der Auseinandersetzung mit Psychopathen einen wichtigen Platz einnimmt. Es lohnt sich, über den Buchhandel oder das Internet weitere Hilfe zu suchen oder an einem Seminar teilzunehmen. Sie können dabei nicht nur sehr viel über sich selbst lernen, sondern auch Ihren Angreifer besser einschätzen. Wenngleich sich psychopathische Menschen verbal gut verstecken können, mit ihrer Körpersprache verraten sie sich doch.

Am meisten entlarven sie sich dem geschulten Auge durch ihre plumpe Körpersprache, während sie an einer Eroberung arbeiten. Dabei versuchen sie, konzentriert in die Seele ihres Gegenübers einzudringen. Sie heben die räumliche Distanz auf, indem sie nahe an ihr Opfer heranrücken oder sich am Tisch weit zu ihm vorbeugen und versuchen, durch intensiven Blickkontakt den anderen auf sich zu fixieren. Dabei sprechen sie leise und emotional, um elektrisierend und unwiderstehlich zu wirken. Sie wissen sehr gut, dass alle Menschen tiefe, unerfüllte Sehnsüchte in sich tragen. Und dieser Umstand liefert sie ihnen gnadenlos aus. Aber diese Technik wirkt auch in anderen Bereichen. Zum Beispiel im Verkauf. Gutgläubige Kunden, die nichts von diesen Machenschaften wissen, werden verzaubert von der Illusion, begehrenswert und einmalig zu sein.

Keine Macht verleihen

Psychopathen fürchten nichts so sehr wie Macht. Macht von anderen bedeutet für sie höchste Gefahr. Zum einen impliziert sie Kontrollverlust, zum anderen die Angst, nicht der Beste, der Wichtigere oder der Größte zu sein – der, der alles bestimmt, alles weiß, alles kann und folglich auch immer recht hat. Deshalb müssen sie ja immer recht haben, weil es für sie gleichbedeutend mit Sicherheit und Überschaubarkeit ist, also eine unverzichtbare Notwendigkeit. Diese Menschen brechen wegen völlig belangloser Kleinigkeiten den größten Streit vom Zaun, nur um recht zu haben.

Die einfachste und zielsicherste Methode, sie in die Schranken zu weisen, wäre deshalb, ihnen noch größere Psychopathen vor die Nase zu setzen. Allerdings ist dies für die Beteiligten kein langfristiger Gewinn, weil man nur den Teufel mit dem Beelzebub austreiben würde. Aber egal, für den ersten Moment bringt der Gedanke doch reichlich Genugtuung, oder nicht?

Im Ernst: Um ihre unangefochtene Position zu verteidigen und um Macht oder Stärke bei anderen Menschen erst gar nicht aufkommen zu lassen, versuchen sie von Anfang an, alle Situationen im Griff zu haben und zu dominieren. Mit großen Drohgebärden zerschlagen sie schon kleine Ansätze von Selbstbewusstsein bei ihren Mitmenschen. Macht, bzw. daraus abgeleitet die Ohnmacht, wird für sie nicht nur durch die klassischen Situationen symbolisiert, wie beispielsweise die Abhängigkeit von einem Chef, der ihnen jederzeit das Arbeitsverhältnis kündigen oder sie zurechtweisen könnte, oder einen Gerichtstermin, wo sie sich als Beschuldigte oder Angeklagte einem Richter ausgeliefert sehen, nein – es genügt schon eine selbstbewusste, aufrechte Persönlichkeit, um sie aus der

Fassung zu bringen. Sie fühlen sehr deutlich in ihrem Inneren, dass starke Menschen eine Gefahr für ihre Masken sind, weil sie sich nicht lange täuschen und an der Nase herumführen lassen. Und das macht sie extrem unsicher und angreifbar.

Strategisches Ignorieren

Eine gute List, um sich für einen Psychopathen uninteressant zu machen, ist, ihn zu ignorieren. Das ist für ihn nämlich schon eine Art Entmachtung, da er auf diese Person dann keinen unmittelbaren Einfluss ausüben kann. Das verletzt sein überzogenes Geltungsbedürfnis und beraubt ihn somit seiner selbst gewählten Position. Er plustert sich ja schließlich ständig so auf, gibt an und lügt, um bewundert, verehrt oder zumindest gefürchtet zu werden. Ihn zu ignorieren heißt natürlich nicht, dass man am Arbeitsplatz beispielsweise dem Vorgesetzten keine Antworten geben oder sich dem notwendigen Umgang entziehen soll, sondern dass man deutlich, aber nicht unhöflich ein Desinteresse an seiner Person signalisiert, fast so, als wäre er Luft. Wenn er dennoch Fragen stellt, erweisen sich allgemeine, nichtssagende Antworten als sehr nützlich. Fragt er beispielsweise, wie Ihr Wochenende war, könnten Sie höflich, aber leidenschaftslos antworten:

> „Freie Tage sind immer ein ganz besonderer Genuss."

Oder nehmen wir ein Beispiel aus der Familie: Jemand fragt Sie, was Sie gestern getan haben. Dafür eignen sich wunderbar aussagelose Kommentare wie:

> „Mit einer Familie hat man immer viel zu tun."

Ihr Gegenüber versteht die Botschaft, dass Sie es nicht an Ihren persönlichen Erfahrungen teilnehmen lassen möchten; dennoch können Sie dabei die Form und Ihr Gesicht wahren.

Entweder verliert der Frager sein Interesse und wird Ihnen aus dem Weg gehen, oder im Gegenteil deshalb gerade versuchen, Ihre Aufmerksamkeit zu erlangen. Das würde er in solchen Fällen in aller Regel auf die charmante Art probieren. Wie er sich entscheiden mag, spielt keine Rolle. Sie müssen so oder so nicht auf ihn eingehen.

Sonja, eine liebenswerte junge Mutter, kann beispielsweise auf die beachtlichen Ergebnisse im Umgang mit ihrer Schwiegermutter stolz sein:

> „Meine Schwiegermutter ist eine arrogante und unverschämte Frau. Sie hält sich allen Menschen gegenüber für etwas Besseres, obwohl sie bis auf die Perfektion ihrer Bosheit nichts vorweisen kann. Als mein Mann und ich sie ab und zu mit der Kleinen besuchten, ließ sie mich immer spüren, dass nur sie wisse, wie man Kinder richtig erziehe. Anfangs habe ich mich mit ihr noch aus Höflichkeit auseinandergesetzt, obwohl es absolut sinnlos war. Doch inzwischen habe ich dazugelernt. Wenn ich heute meiner Tochter etwas sage und meine Schwiegermutter mir ins Wort fällt, verhalte ich mich einfach so, als wäre sie gar nicht anwesend, und wiederhole ruhig, aber bestimmt meine Worte. Damit zeige ich ihr, dass mich ihre Meinung nicht im Geringsten interessiert und mir das Ganze auch keine Auseinandersetzung wert ist. Erstaunlicherweise hält sie dann wirklich ihren Mund.

Und meine Tochter lernt ganz nebenbei, dass wir Eltern für sie maßgeblich und auch keine Trottel sind. Dieses Verhalten ist für meine Situation das Optimale."

Je mehr Ihnen bewusst wird, dass solche Menschen krank sind und ihre Äußerungen nicht wirklich ernst genommen werden können, desto einfacher ist es, einen kühlen Kopf zu bewahren. Und das ist die beste Voraussetzung für Ihre Erwiderungen. Genauso wie ein Seiltänzer in schwindelerregender Höhe jeden Schritt vollkommen bewusst und mit größter Achtsamkeit ausführt, können auch Sie lernen, jede Handlung und jeden Kommentar auf den Punkt genau und souverän zu platzieren. Und je mehr emotionale Distanz besteht, umso besser und einfacher wird es. Deshalb kann ich jedem Betroffenen nicht genug ans Herz legen: Beobachten Sie diese Menschen emotionslos, ohne sich persönlich mit ihrem Wahnsinn zu identifizieren.

Schadensbegrenzung

*„Diplomatie ist die Kunst, einen Hund so lange zu
streicheln, bis Maulkorb und Leine fertig sind."*

Felix Faure

Bevor wir uns mit den schwierigeren Auseinandersetzungen
beschäftigen, möchte ich Ihnen eine weitere harmlose Variante der Selbstverteidigung vorstellen. Die Schadensbegrenzung
ist ein ganz wichtiger Aspekt im Umgang mit der psychopathischen Struktur. Würden Sie sich nur darauf beschränken
abzuwarten, bis Sie angegriffen werden, um dann geschickt
zu reagieren, müssten Sie immerfort in akuter Anspannung
leben. Besser ist es deshalb, wenn Sie sich von vornherein so
viel Respekt verschaffen können, dass Sie gar nicht mehr so
einfach belästigt werden.

Dies gelingt sehr gut, wenn Sie Ihrem Gegenüber bei vielen Gelegenheiten beiläufig zeigen, dass Sie es sehr deutlich
wahrnehmen. Und zwar nicht nur seine perfekte Maske,
sondern auch und gerade das, was es dahinter unter allen
Umständen verbergen möchte. Spürt es, dass Sie souverän
sind und es sich nicht mehr hinter bloßer Machtausübung
verstecken kann, wird es verunsichert und greift nicht mehr
ohne Weiteres an. Der Psychopath springt dann eher auf die
freundschaftliche Variante über unter dem Motto: „Wenn
du deinen Feind nicht besiegen kannst, dann verbünde dich
mit ihm." Deshalb wird er Sie im Stillen bewundern und viel
mehr schätzen als andere. Vielleicht wird er auch vorziehen,
Sie weitgehend zu meiden.

Ein möglicher Ansatzpunkt, aktiv zu werden, wäre beispielsweise, wenn Sie bemerken, wie er mit anderen unhöflich

kommuniziert. Dann gehen Sie mit sicherer Körpersprache auf ihn zu und bewerten das Gesehene. Gehen Sie dann auf die Ebene der Emotionen über. Das überrumpelt ihn, denn damit rechnet er nicht, außerdem kennt er sich auf diesem Gebiet am wenigsten aus und lässt sich deshalb schneller aus der Bahn werfen.

Die nachfolgenden Kommentare haben sich allesamt bestens bewährt:

> „Ist eben gerade etwas Schlimmes passiert? Sie wirken plötzlich ganz nervös. Sagen Sie mir bitte Bescheid, wenn ich etwas für Sie tun kann.“

Volltreffer. Der Psychopath möchte, wie gesagt, unter allen Umständen als souverän wahrgenommen oder gefürchtet werden. Auf keinen Fall will er, dass man ihm seine gut getarnten Schwächen ansieht oder ihm solche unterstellt. Und jene, die diesen durchdringenden Blick haben, wird er als stärker oder ebenbürtig betrachten und sie nicht mehr unnötig reizen. Die Gefahr, bloßgestellt zu werden, ist für ihn nur schwer auszuhalten.

Andere erfolgreiche Varianten sind:

> „Sie sehen ja aus, als wäre Ihnen gerade ein Geist begegnet. Das scheint Sie eben doch sehr mitgenommen zu haben. Kann ich Ihnen irgendwie helfen?“

> „Ich habe Ihnen einen Kaffee gemacht. Sie sehen aus, als wären Sie ganz durch den Wind. So eine Auseinandersetzung kostet doch viel Kraft, das sieht man Ihnen an ...“

> „Hier, essen Sie ein Stückchen Schokolade. Das
> hilft, wenn man so aufgekratzt ist. Nicht, dass
> Sie uns am Ende noch zusammenbrechen."

Wenn er dann dementiert, dass er durch den Wind, aufgelöst
oder aufgeregt wäre, können Sie gleich nachhaken:

> „Oh, das denken Sie nur. Wenn Sie sich hätten
> selbst sehen können, wären Sie ebenso sehr er-
> schrocken wie ich, das können Sie mir glauben."

Sie können eigentlich alles sagen, was Ihnen einfällt, Hauptsache, es reißt die Mauer seiner eingebildeten Überlegenheit ein.

Wenn sich der Angriff gegen Sie persönlich richtet, können Sie genauso gut bei dieser Vorgehensweise bleiben. Stellen Sie sich vor, Sie betreten das Zimmer Ihres Chefs und er
schreit Sie lauthals an, dass Sie irgendetwas nicht richtig gemacht hätten. Doch dieses Mal wechseln Sie unvermittelt die
Kommunikationsebene und reagieren für ihn vollkommen
überraschend und sagen mit betont besorgtem Ausdruck:

> „Ich habe in letzter Zeit das Gefühl, dass es Ih-
> nen nicht gut geht. Sie werden doch nicht krank
> werden? Man liest ja immer wieder, dass solche
> emotionalen Ausbrüche meistens seelische Ur-
> sachen haben ..."

> „Es beunruhigt mich, dass meine Person so eine
> starke Wirkung auf Sie hat, dass Sie ganz und
> gar Ihr Gleichgewicht verloren haben. Muss ich
> mir jetzt Sorgen um Ihre seelische Verfassung
> machen?"

Es liegt ganz bei Ihnen, wie weit Sie bei Ihren Ausführungen gehen wollen, wichtig ist allein, dass Sie den Spieß einfach herumgedreht haben und überhaupt nicht auf seinen Angriff eingegangen sind. Seine Demonstration von Stärke prallt in seinen Augen an Ihnen ab und endet für ihn sogar in einer Niederlage. Er wird zum Hilfsbedürftigen herabgestuft. Das ist zu viel für ihn. Seine Fassade beginnt zu bröckeln. Sie selbst werden innerlich bestimmt auch aufgeregt sein – am Anfang noch, aber das macht in diesem Stadium überhaupt nichts. Es geht einzig und allein darum, dass Ihr Gegenüber lernt, dass seine Angriffe nicht das gewünschte Ergebnis bringen, sondern es sogar einen Gesichtsverlust erleidet. Dabei bewegen Sie sich in einem relativ sicheren Raum, weil Sie es nicht angreifen, sondern sich sogar besorgt zeigen.

Als eine Klientin von mir diese Vorgehensweise zum ersten Mal ausprobierte, wäre sie fast vor Angst gestorben, wie sie mir später berichtete. Doch danach war sie nicht mehr zu bremsen, denn ihr Chef reagierte schon beim ersten Versuch total verunsichert. Er wurde nervös, begann zu stottern und rechtfertigte sich in einem fort.

Als Lob getarnte Kritik

Wer beginnt, sich gegen diese Leute zur Wehr zu setzen, hat anfangs bestimmt noch wenig Sinn für die heitere Seite dieser Auseinandersetzungen. Ja, es gibt tatsächlich Techniken, mit denen das Ganze beginnt, Spaß zu machen; spätestens wenn Sie erste Erfolge damit erzielt haben, werden Sie die Ironie in dieser Strategie entdecken und genießen können. Psychopathen können sich nämlich nicht gegen Lob und Anerkennung wehren, sie sind sehr anfällig dafür und werden geradezu süchtig danach. Durch dieses Wissen können Sie einen kleinen Trick anwenden und das Geschehen in die gewünschte Richtung lenken.

Da ich persönlich ein humorvoller Mensch bin, benutze ich nach Möglichkeit die Lobvariante. Damit schlage ich sie auf ganz charmante Weise mit ihren eigenen Waffen. Dieser Schachzug ist nicht mit offener Aggression verbunden und ungeheuer Erfolg versprechend. Auch wenn er nur als List eingesetzt wird, so macht es doch dem Psychopathen am Ende noch Freude und schenkt ihm ein schönes Gefühl. Und das ist doch auch etwas Wertvolles, denn wenn es ihm gut geht, behandelt er auch die Menschen um sich herum besser. Ihnen wird es einfach nur Vergnügen bereiten zu sehen, wie leicht Sie etwas mit einem inneren Lächeln verändern können. Es ist zwar schon ein wenig keck, was wir da machen, aber damit haben Sie ihn ein großes Stück weit unter Kontrolle und können oftmals verhindern, dass er bei seinen Mitmenschen weiterhin ungezügelt Schaden anrichtet. Heben Sie ihn also vordergründig ruhig auf den Sockel, Hauptsache, er gibt Ruhe.

Wenn Sie also beispielsweise Zeuge eines gemeinen Angriffs werden, können Sie die Gelegenheit nutzen, mit folgenden oder ähnlichen Varianten aufzutrumpfen, indem Sie ganz ruhig und mit offener freundlicher Körpersprache auf ihn zugehen und sagen:

> „Sie haben so viele Eigenschaften, zu denen andere aufschauen können. Machen Sie doch jetzt nicht den Fehler und stellen Sie sich auf eine Stufe mit jenen, die nicht über Ihre Bildung und Kompetenz verfügen. Das wäre nicht zu entschuldigen bei solch einer Persönlichkeit, wie Sie es sind."

> „Bitte entschuldigen Sie meine Offenheit. Aber heute bin ich einmal mutiger als sonst, weil es um etwas sehr Wichtiges geht. Es ist Ihnen sicherlich gar nicht aufgefallen, aber wenn Sie so wie vorhin zu anderen Menschen sprechen, stellen Sie sich ein schlechtes Zeugnis damit aus. Sie sind doch nicht jedermann, der irgendetwas sagt. Sie sind ein Mensch, der vorausschauend denken und handeln kann und sich zu hundert Prozent im Griff hat, wenn er es möchte. Sie sollten diese seltene Fähigkeit dazu nutzen, ein perfektes Bild von sich zu zeichnen, das Ihrer würdig ist und Sie widerspiegelt. Mit Ihrem Format würde ich Sie eher dem Niveau von Konfuzius zuordnen, der gesagt hat: ‚Der Edle verlangt viel von sich selbst, und wenig von anderen.‘ Genau da müssten Sie sich eigentlich einreihen."

> „Ich habe selten jemanden gesehen, der über so ein breites Handlungsspektrum verfügt wie

Sie. Aber offen gestanden gehen Sie nicht achtsam damit um. Wenn Sie sich nämlich dann aus der Ruhe bringen lassen, wenn andere nicht Ihre Erwartungen erfüllen, begraben Sie damit höchstpersönlich Ihre große Souveränität. Ihre Mitarbeiter werden Sie sogar sehr schätzen und bewundern, wenn sie einmal Ihr richtiges Format kennenlernen."

„Ich habe neulich in einer Studie gelesen, dass das Anschreien oder Angreifen anderer Menschen mit mangelnder sozialer Kompetenz oder großer seelischer Überforderung zusammenhängt. Das kann ich mir bei Ihnen aber gar nicht vorstellen. Sie sollten sich mehr Mühe geben, authentischer zu reagieren, um nicht wie jemand dazustehen, der Sie am Ende gar nicht sind. Solche Entgleisungen haben Sie doch nicht nötig."

„Kennen Sie den bekannten Satz von René Descartes: ‚Was Peter über Paul sagt, sagt mehr aus über Peter als über Paul'? Ich persönlich weiß, dass Sie Ihre Äußerungen nur gedankenverloren von sich geben. Sollte aber einer Ihrer Zuhörer sich mit dem Thema ‚Selbstaussage' auskennen, wird er Ihnen etwas anderes unterstellen. Das ist doch nicht nötig, oder? Bitte geben Sie nicht anderen Leuten Gelegenheit, sich über Sie lustig zu machen."

„Sie sind zu Größerem geboren, als sich für solche Äußerungen herzugeben."

„Es ist mir unverständlich, dass jemand wie Sie diesen Job hier macht. War das in Ihrem Leben so geplant, oder sind Sie nur an einer Kreuzung falsch abgebogen? Ich denke oft darüber nach. Deshalb sind Sie wohl des Öfteren auch in Missstimmung. Anders kann ich mir das gar nicht erklären. Wie ich Sie einschätze, müssten Sie voller Toleranz und Großzügigkeit anderen begegnen. Da das leider nicht der Fall ist, muss es andere Gründe dafür geben. Aber ich gebe die Hoffnung nicht auf. Vielleicht kommt doch noch der Tag, an dem Sie Ihrer Bestimmung folgen und etwas wirklich Großes machen, das zu Ihnen passt."

„Ich weiß, dass Sie Ihre schlechte Laune an uns auslassen, weil Sie hier unterfordert sind. Aber dafür können wir nichts. Sie sollten sich ein Aufgabengebiet suchen, das Ihren Möglichkeiten Rechnung trägt, dann geht's Ihnen und uns allen besser. Bewerben Sie sich doch als Schöffe oder so etwas, dann kann sich Ihr genialer Geist entfalten, anstatt sich ersatzweise an Unschuldigen zu vergreifen. Begabungen sollte man dazu benutzen, um die Welt zu bereichern."

„Ich habe mich schon oft gefragt, was in Ihrem Leben denn passiert ist, dass Sie so unbedacht reagieren. Sie haben das Charisma dazu, für andere ein wirklich gutes Vorbild zu sein. Ich schätze es sogar so hoch ein, dass man auch noch Jahre nach einem Zusammentreffen mit Ihnen sich positiv an Sie erinnern müsste."

„Warum setzen Sie sich in aller Öffentlichkeit selbst so herab? Das ehrt Sie nicht nur nicht, es lässt Sie auch in einem ganz gewöhnlichen Licht erscheinen. Sie schulden sich und Ihren Begabungen gegenüber mehr Respekt.“

„Wissen Sie was, ich glaube, dass Sie ein großartiger Schauspieler sind. Der Auftritt von eben kann nie und nimmer Ihr Ernst sein. Das ist nicht Ihr Niveau. Ich kann Sie durchschauen. Für solch ein Verhalten würden Sie sich nicht hergeben. Also mal unter uns: Was bezwecken Sie denn insgeheim mit so einer Inszenierung? Das hat doch einen Grund, dass Sie das, was Sie sagen möchten, nicht ganz normal sagen.“

„Da ich finde, dass Sie ein Mensch sind, der sehr gut reflektieren kann, traue ich mich einmal um Ihretwillen, etwas Nachdenkliches zu äußern. Sie machen sich mit Ihrem Verhalten sehr unbeliebt. Das ist natürlich Ihre private Entscheidung, aber wenn einem eine so starke Persönlichkeit, wie Sie sie besitzen, gegeben wurde, dann hat man die Aufgabe, die Welt um sich herum um einiges zu verbessern. Wenn nicht diejenigen es tun, die es können, wer soll es dann bitteschön machen? Ich finde es schon fast eine Sünde, wie Sie Ihre herausragenden und seltenen Gaben mit Füßen treten.“

„Wenn ein Außenstehender, der Sie nicht kennt, Sie gerade beobachtet hätte, würde er in

Ihr Verhalten zwingend viele peinliche Dinge interpretieren. Das können Sie doch nicht allen Ernstes zulassen? Ich werde mich meinetwegen bei Ihnen unbeliebt machen, aber ich werde so etwas jedenfalls nicht tolerieren. Dafür sind Sie ein viel zu wertvoller Mensch."

Mit solchen Äußerungen bringen Sie die Psychopathen in eine echte Zwickmühle. Ändern wollen sie sich natürlich nicht gerne, aber auf Lob und Ehre verzichten fällt ihnen meistens noch viel schwerer. Wenn Sie beharrlich bleiben, werden Sie unter Umständen wirklich großen Einfluss nehmen, und mit etwas Glück dadurch von vielen Menschen Schaden abwenden.

Doch Vorsicht: Sie sind nicht der Einzige, der um die Wirkung von Lob weiß. Gerade psychopathische Menschen wissen nur zu gut, dass man mit aufmunternden Worten die Leistungsbereitschaft erhöhen und Abhängigkeiten erzeugen kann. Deshalb lautet mein Rat, wenn Sie selbst mit Lob umgarnt werden: Bedanken Sie sich höflich, aber bewahren Sie dennoch einen kühlen Kopf und bleiben Sie innerlich distanziert und selbstbewusst. So muss er den Karren, vor den er Sie spannen möchte, am Ende selbst ziehen.

Ablenkung durch Lob

Wenn Sie mit den vorhergehenden Kommentaren schon etwas Erfahrung gesammelt haben, können Sie beliebig in diese Richtung weitermachen und Steigerungen einbauen. Nach oben hin ist noch viel Raum, denn die Sucht nach Bestätigung und Anerkennung kennt bei Psychopathen keine Grenzen. Sie werden sehen, es beginnt schnell, richtig Spaß zu machen.

Ulrike, eine Speditionskauffrau in einem mittelständischen Unternehmen, klagte mir verzweifelt, dass ihr Chef sie täglich mit einem Stapel unwichtiger Arbeit empfängt, der nichts mit ihrem eigentlichen Aufgabengebiet zu tun hat, und sie damit nur aufhält. Aber am Ende ihres Arbeitstages soll natürlich alles erledigt sein, auch wenn er sie höchstpersönlich stundenlang mit privaten Dingen davon abgehalten hat. Wir haben uns danach zu folgendem Plan entschieden: Nicht jeden Tag, aber doch zwei Mal die Woche, wenn sie zu ihm gerufen wird und er ihr wieder viele private Angelegenheiten übertragen möchte, wie zum Beispiel herauszufinden, welche Autowaschanlage in der Umgebung gerade ein Angebot hat usw., beginnt sie ihn gekonnt abzulenken. Danach ist er so verzaubert von sich selbst, dass sie meistens nur noch mit den allerwichtigsten Arbeiten wieder das Zimmer verlässt. Alles andere ist ihm im Hinblick auf die wunderbaren Gespräche nicht mehr so wichtig. Sie verliert durch das Zuhören zwar auch Arbeitszeit, aber sie kann sich dabei wenigstens ausruhen und entspannt einen Kaffee trinken. Das ist allemal die klügere Lösung.

Hier ein paar Varianten, die sich bei ihr und anderen Betroffenen als sehr erfolgreich herausgestellt haben:

> „Sagen Sie mal, warum sind Sie eigentlich nie in die Politik gegangen mit Ihren Fähigkeiten? Dann könnten Sie mit Ihren Talenten mal etwas Vernünftigeres anfangen, als uns herumzuscheuchen. Ich kann das so richtig vor mir sehen, wie Sie als Abgeordneter große Entscheidungen treffen. Hat sich Ihnen diese Frage wirklich nie ernstlich gestellt? Welche politischen Entscheidungen würden Sie denn eigentlich treffen?"

„Darf ich Ihnen kurz etwas erzählen? Letzthin habe ich eine Reportage über einen Mann gesehen, der aus dem Nichts heraus eine riesige Firmenkette aus dem Boden gestampft hat und am Anfang nichts anderes besaß als einen genialen Verstand. Das hat mich unglaublich beeindruckt. Und da habe ich an Sie gedacht. Das hätten Sie sein können. Warum haben Sie eigentlich nie alles liegen und stehen lassen und etwas ganz Großes hervorgebracht? Was glauben Sie, wäre Ihre eigentliche Bestimmung gewesen?"

„Sagen Sie, glauben Sie eigentlich wie ich an Wiedergeburt? Ich könnte mir nämlich vorstellen, dass Sie, so wie Sie hier auftreten, in einem anderen Leben eine sehr wichtige Persönlichkeit gewesen sind. Das muss Ihnen doch auch schon in den Sinn gekommen sein. So eine Ausstrahlung kommt doch nicht von ungefähr. Haben Sie eine Ahnung, wer Sie zuvor gewesen sein könnten?"

„Gestern habe ich eine Studie über Schüler gelesen, die den Unterricht stören und boykottieren. Dabei hat man festgestellt, dass viele von ihnen sich deshalb so verhalten, weil sie hochbegabt und in diesem starren Schulsystem unterfordert sind. Ich könnte mir denken, dass es Ihnen hier genauso geht. Wie fühlen Sie sich eigentlich, wenn Sie morgens an einen Arbeitsplatz kommen, dessen Anforderungen nicht im Mindesten Ihren Fähigkeiten entsprechen?"

Wenn Ulrike mit ernsthafter und bewundernder Miene diese Fragen gestellt hatte, war ihr Chef jedes Mal so davon hingerissen, dass er sich zwei Stunden Zeit nahm, um ihr zu erklären, was er alles Großartiges hätte bewerkstelligen können, wenn man ihn nur gelassen hätte. Er bekam dann immer einen ganz verklärten Gesichtsausdruck und freute sich unbändig, dass endlich jemand ihn als das erkannt hatte, was er in seinen Augen in Wirklichkeit war. An diesen Tagen hatte er dann das Verlangen verloren, irgendwelchen Schaden anzurichten, da sein inneres Kind vorzüglich genährt wurde.

So können auch Sie Psychopathen in die gewünschte Richtung lenken. Probieren Sie es aus und lassen Sie Ihrer Fantasie Flügel wachsen.

Die Wahrheit sagen

Der Wahrheit den Vorzug zu geben, empfinde ich persönlich als eine hochwertige, selbstbewusste und gleichzeitig entwaffnende Kommunikationsmethode. Dabei geht es um einen gesunden Akt, die eigene Wertschätzung zu bekunden. Es ist für unsere Seele von unglaublicher Wichtigkeit, zwischen äußeren Niederlagen und eigenem Wert zu differenzieren. So wird eine erzwungene Anpassung oder Unterordnung nicht zwangsläufig zu einem Gefühl des Verrats an sich selbst empfunden. Bei einer zufälligen Gelegenheit, zum Beispiel wenn Sie sich am Kaffeeautomaten treffen, können Sie einfließen lassen:

„Sie können für Ihre Interessen super einstehen, weil Ihre Position es Ihnen leicht macht. So kann ich bei Ihnen eine große Durchsetzungsfähigkeit beobachten, die Ihnen das Leben wesentlich vereinfacht. All dessen kann ich mich in meiner Stellung leider nicht bedienen. Nun ja, dafür habe ich aber ein anderes Repertoire an Fähigkeiten, auf das ich sehr stolz bin, weil es die ganze Palette des menschlichen Seins umfasst:

Ich freue mich beispielsweise, wenn ich andere Menschen unterstützen kann, glücklich und erfolgreich zu sein,

ich habe Mitgefühl für die Sorgen und Nöte meiner Mitmenschen,

ich habe tolle Freundschaften,

meine Mitmenschen schätzen meine Gesellschaft,

ich empfinde Dankbarkeit für all das Schöne, das mir zuteilwird.

Ich muss mich nicht verstellen und erlaube mir, authentisch zu sein,

und das Wichtigste von allem: Ich kann aus tiefstem Herzen lieben.

Wissen Sie, wir alle sind nur Gast auf dieser Erde und werden sie eines Tages wieder verlassen müssen. Und wir können keine Titel, Autos, Häuser oder Geld mitnehmen. Was am Ende zählt, ist allein die Qualität unseres Herzens. Und ich wünsche mir, im Alter auf ein Leben zurückzublicken, das dazu beigetragen hat, dass es auf dieser Erde ein klein wenig besser geworden ist. Allein das würde mich mit Stolz erfüllen."

Was genau Sie an persönlichen Eigenschaften aufzählen, spielt keine Rolle. Schön ist nur, wenn Ihr Gegenüber sieht, dass es Ihnen wohl bei den äußeren Gegebenheiten überlegen ist und Sie herumjagen oder schikanieren kann, aber auf Ihre Seele keinen Zugriff hat. Wichtig ist, dass es sieht, dass Sie es nicht beneiden oder gar mit ihm tauschen wollten. Psychopathen bewundern und beneiden im Stillen schöne, selbstsichere Charaktere, weil sie das geworden sind, was sie selbst nie erreichen.

Sie können natürlich auf vielfältige Weise Ihre Wahrheit höflich einfließen lassen:

„Ich kann Sie nicht daran hindern zu tun, was Sie tun wollen, aber es schmückt Sie nicht."

„Ich werde tun, was Sie von mir verlangen, aber ich würde um keinen Preis mit Ihnen tauschen wollen."

„Sie haben erreicht, was Sie wollten, aber Sie haben auch die Verantwortung für Ihre Motive zu tragen. Das sollte Ihnen Sorgen machen, denn für Ihr Lebensbuch gibt es keinen Radiergummi."

„Sie haben Menschen unglücklich gemacht. Das ist nichts, worauf man stolz sein kann" usw.

Wichtig ist, dass Sie sagen, was Sie sehen, und zwar lediglich aus dem Blickwinkel eines unbeteiligten Beobachters. Damit stehen Sie für sich ein, entziehen Ihrem Gegenüber seinen Triumph und verunsichern es in seiner selbstverliebten Darstellerpose.

Geschickte Enttarnung

Psychopathische Menschen passen ihre Meinungen der jeweiligen Situation an, Inhalte selbst spielen weniger eine Rolle. Berichten sie vielleicht über ihre Steuererklärung, beklagen sie sich gerne über die unerhörten Beträge, die sie abführen müssen, um dem Zuhörer eine versteckte Information über ihr großes Einkommen zu vermitteln. Bittet sie aber jemand eine Stunde später um eine kleine Spende, kann es sein, dass sie sich arm wie eine Kirchenmaus zeigen. Aber gerade diese Schwäche, keinen Wert auf ein Minimum an Stringenz zu legen, macht es uns zeitweilig auch sehr einfach.

Evelyn konnte sich mit der Enttarnungstechnik sehr viele Kompetenzen aneignen. Sehr souverän setzt sie beispielsweise diese Vorgehensweise bei ihrem Vater ein, wenn er sich nach wie vor damit rühmt, weit über seinen Mitmenschen zu stehen. Um seine Behauptungen zu stützen, setzt er die Menschen um sich herum ganz einfach herab. Bei ihr traut er sich das nicht mehr; sie hat ihn dann stets mit seinen eigenen Widersprüchen konfrontiert. Beispielsweise beschwerte er sich regelmäßig über seine neue Partnerin, wenn sie nicht zugegen war. Evelyn wollte irgendwann nichts mehr davon hören und sagte:

> „Papa, du sagst doch immer, dass du dich mit deiner grandiosen Menschenkenntnis und deiner unglaublichen Intuition niemals täuschen lassen würdest. Aber so wie du berichtest, hast du dich doch geirrt und bist einer Frau auf den Leim gegangen, die nur dein Geld will. Sonst lässt sich ihr Verhalten, wie du es mir beschreibst, nicht erklären. So einen kapitalen Fehler hätte ich dir nie und nimmer zugetraut."

Dass sein Schuss nach hinten losgehen und in einem schmerzlichen Gesichtsverlust enden könnte, damit hat er nicht gerechnet. Alle seine Aussagen waren immer nur zusammenhangslose Fragmente, mit denen er je nach Gelegenheit spielte. Und er war überrascht, dass seine Tochter sie neuerdings in logischer Reihenfolge verknüpfte. Schließlich war er sonst keinen Widerspruch gewöhnt. Selbstverständlich versuchte er, sich auch hier wieder wie ein Aal aus der Situation zu winden, und beteuerte, dass er sich natürlich nie täuschen ließe und dass es so schlimm, wie es bei ihr angekommen wäre, gar nicht sei. Tja, warum überrascht uns das jetzt nicht?

Auch Franziska wurde immer versierter in der Kunst der Entlarvung. Ihr vermögender Vater verdiente, wie bereits weiter oben zur Sprache kam, prächtig mit Privatkrediten. Als er sich unlängst wieder damit rühmte, einem Freund ein Darlehen mit horrenden Zinsen gewährt zu haben, stellte sie ihn zur Rede und setzte seine Widersprüchlichkeit gegen ihn ein:

> „Wie schaffst du es eigentlich immer wieder ohne schlechtes Gewissen, deine eigenen Kinder und Freunde mit Wucherzinsen so skrupellos auszunutzen? Du erzählst doch immer überall herum, was für ein Menschenfreund du bist."

Das konnte er natürlich nicht auf sich sitzen lassen. Blitzschnell schwenkte er auf die Mitleidstour um und beteuerte, dass er das nur mache, weil er nicht viel Rente bekomme und sich ein paar Groschen dazuverdienen müsse. Genau mit dieser Platte hatte Franziska gerechnet. Mit gespieltem Entsetzen sagte sie:

„Mein Gott, Vater, wenn es so schlecht um dich steht, dass du andere Menschen ausbeuten musst, dann müssen wir ja mit dem Schlimmsten rechnen. Womöglich wirst du uns allen am Ende auf der Tasche liegen. Und wir haben dir immer geglaubt, wenn du gesagt hast, du hättest für dich cleverer vorgesorgt als der Rest der Idioten. Dann war das also alles nur ein Schwindel."

Ihr Vater wurde ganz verwirrt; diese Widersprüche konnte er auch nicht plausibel vereinen und sprach nur von Missverständnissen. Aber Franziska bekam, was sie bezweckte. Ihr Vater klammerte künftig das Thema Finanzen bei seinen großen Erzählungen aus.

Das waren typische Beispiele dafür, wie man mit Übertreibungen oder widersprüchlichem Verhalten absolut souverän umgehen kann. Fragen Sie sich zunächst, was Ihr Ziel ist, das Sie erreichen möchten, dann können Sie das Ergebnis erfolgreich anvisieren.

Den Pfeilen ausweichen

Auch wenn man angegriffen wird, kann man ja unkonventionell reagieren. Das geht noch besser, wenn man sich nicht nur der feindlichen, sondern auch der eigenen Verhaltensmuster bewusst ist. Im Grunde sind wir fast alle so erzogen, jeden Ball aufzufangen, den man uns zuwirft. Und zwar ohne darüber nachzudenken, ob wir ihn überhaupt haben möchten. Jeder, der Lust verspürt, kann uns mit irgendeinem Unsinn konfrontieren, und wir reagieren.

> *Werden wir angeschrien, reagieren wir verletzt und wütend.*
> *Werden wir verdächtigt, dann rechtfertigen wir uns.*
> *Werden wir nicht beachtet, fühlen wir uns wertlos.*
> *Werden wir gelobt, sind wir glücklich.*
> *Ist der Partner liebevoll, sind wir berührt.*
> *Verhält er sich abweisend, sind wir gekränkt.*
> *Sind die Vorgesetzten gut gelaunt, dann haben wir einen angenehmen Tag.*
> *Sind sie es aber nicht, leiden wir unter den Auswirkungen.*

Diese Beispiele lassen sich endlos fortsetzen und nahezu auf alle Menschen übertragen, die noch nicht viel Zeit mit der Reflexion ihrer eigenen Verhaltensweisen verbracht haben. In der Konsequenz bedeutet das, dass nicht wir, sondern andere über unsere Gefühle bestimmen. Wir öffnen ihnen Tür und Tor zu unserem Herzen, stellen ihnen eine Art Blankoscheck über unsere Gefühle aus. Wir gehen doch auch mit unserem

Geld nicht so verantwortungslos um, warum dann mit unseren Gefühlen? Solange wir diese Muster nicht ändern, geben wir anderen, sogar fremden Menschen, oder noch schlimmer – jenen, die wir nicht einmal mögen oder achten, unser emotionales Leben in die Hände. Ebenso Leuten, von denen wir wissen, dass sie nicht achtsam damit umgehen können und uns verletzen werden. Das ist grotesk, und so sollte man nicht weitermachen.

Es gibt einen bekannten Spruch, den ich sehr schätze: „Wir können dem Wind nicht gebieten, aber wir können die Segel neu setzen und den Kurs neu bestimmen."

Man kann nie verhindern, dass man etwas Unangenehmes erlebt, aber man kann lernen, sich davon nicht verletzen zu lassen. Man kann die Fähigkeit erwerben, selbst zu entscheiden, von wem und durch was man sich berühren lassen möchte, was für einen selbst wichtig oder unwichtig ist, was stimmig oder falsch ist. Es ist ohnehin ein Trugschluss zu glauben, dass wir mehr geliebt werden, wenn wir uns anpassen. Erstens sind wir keine Kaugummis, die sich beliebig lange in jede Richtung ziehen lassen, und zweitens kann man es ohnehin nicht jedem recht machen. Bei allem, was wir tun, sitzen wir gewissermaßen immer zwischen zwei Stühlen. Wenn Sie beispielsweise jemandem helfen, der in Not geraten ist, gibt es Menschen, die Sie dafür loben. Es gibt aber ebenso andere, denen es an Erbarmen mangelt und die deshalb anführen, dass Sie denjenigen mit Ihrer Unterstützung seiner Entwicklungschancen berauben. Meistens sind das jene, die es gut verstehen, für ihren Eigennutz wohlklingende Rechtfertigungen anzuführen. So wie dem Reinen alles rein ist, ist dem Schlechten alles schlecht.

Gewiss, solch eine Fertigkeit der inneren Distanzierung zu entwickeln erfordert viel Übung. Aber das macht nichts, denn ab dem Moment, da Sie zu üben beginnen, bleiben Sie nicht mehr der Spielball der anderen. Es ist ein ganz großartiges Gefühl, sich nach und nach freizuschwimmen. Ein Mensch, der Selbstbeherrschung erlernt hat, und dadurch ein großes Stück weit selbst über seine Emotionen entscheiden kann, ist außerdem nicht leicht einschätzbar. Und es ist ein fantastisches Gefühl zu spüren, dass man nicht von jedem, der einem über den Weg läuft und einen angreift, aufgewühlt werden kann.

Udo berichtete, dass er auf einer Geburtstagsfeier plötzlich von mehreren Gästen unverschämt angegriffen wurde, weil sie ihm etwas neideten, was sie selbst nicht hatten. Er hörte sich zunächst höflich, wenn auch überrascht, die Beschimpfungen an, stand dann ruhig auf und sagte gelassen:

> „Die momentane Atmosphäre macht mir jetzt keine Freude mehr. Vielleicht helfen euch eure Vorwürfe dabei, eure angestauten aggressiven Gefühle herauszulassen. Das mag schon sein. Für mich ist es jedenfalls keine Bereicherung. Wenn es euch aber guttut, könnt ihr ja gerne noch ein bisschen über mich weiterschimpfen. Meine Erlaubnis habt ihr dazu. Nur sehe ich für mich keinen Grund, mir das noch länger anzuhören. Deshalb werde ich jetzt nach Hause gehen, dort noch in Ruhe mein Gläschen Wein trinken und euch euren aufgewühlten Gefühlen allein überlassen."

Das war sehr souverän und abgeklärt. Er ließ sie so sein, wie sie sind, wollte sich jedoch mit deren geistigem Müll, wie er es nannte, nicht auseinandersetzen. Schließlich ist es nicht sein Mangel, an dem er arbeiten muss, sondern ihre Aufgabe. Der Ball, den sie ihm zugeworfen hatten, flog ins Leere.

Im Folgenden zeige ich Ihnen noch weitere erprobte Beispiele, die eine souveräne Umgangsweise verdeutlichen.

Angenommen, Ihr Lebensgefährte kommt gereizt von der Arbeit. Seine Anspannung überträgt sich schnell auf die häusliche Umgebung, und er findet irgendeinen Aufhänger, Sie anzugreifen. Vielleicht ist sein Bier nicht kalt genug, oder er kann das Fernsehprogramm nicht finden und so weiter. Anstatt aufzurechnen, was Sie heute alles getan haben, können Sie auch ganz anders reagieren. Evelyn zum Beispiel hat für sich einen sehr guten Weg gefunden, indem sie den Ärger erstens nicht auf ihre Person bezieht und zweitens mit Abstand reagiert. Dies sieht dann ungefähr so aus:

> „Du hast sicherlich einen schweren Tag hinter dir, sonst würdest du bestimmt nicht so reagieren. Das tut mir wirklich leid. Möchtest du mir erzählen, was dich so verärgert hat?"

Mit dieser Reaktion hatte sie seinen Ball nicht mehr aufgefangen, sondern sie hatte sich so verhalten, wie es ihr guttat und wie es zu ihrem mittlerweile abgeklärten Gefühl passt. Wollte er jedoch auf diesen oder einen ähnlichen Vorschlag nicht eingehen, durfte er ruhig weitermaulen, aber dann nicht mehr mit ihr. Sie teilte ihm mit, dass sie seine Anspannung toleriere, aber ihr Recht in Anspruch nehme, sich vor den Auswirkungen zu schützen. Dann machte sie einen Spaziergang oder irgendetwas anderes, achtete jedoch auf die nötige räumliche Trennung, bis er sich wieder beruhigt hatte.

Wenn auch Sie Ähnliches konsequent praktiziert haben, wird sich das Verhalten Ihres Partners nicht mehr oft wiederholen. Wir Menschen haben nämlich die Neigung, uns für das zu entscheiden, was uns den größtmöglichen Nutzen verspricht. Lernt Ihr Gegenüber aber, dass seine Entgleisungen ihm mehr schaden als nützen, gibt es keinen Grund mehr für es, sie zu wiederholen.

Gehen wir aber einmal davon aus, dass jemand aus der näheren oder weitläufigeren Familie Sie gerne grundsätzlich maßregelt, kritisiert oder Ihnen sonst wie zusetzt. Auch hier können Sie, bevor Sie die große Keule schwingen, zunächst mit freundlichen, aber deutlichen Worten punkten. Glauben Sie mir, die anderen sind so überrascht von Ihren unerwarteten und selbstsicheren Kommentaren, dass sie sehr bald von ihrer Strategie abweichen werden. Sie schaffen es nicht lange, auf einer Ebene zu bleiben, auf der sie den Überblick verlieren.

Schauen wir uns einmal einen klassischen verdeckten Angriff an, wie er Karin widerfahren war und wie sie ihn souverän abschmetterte. Karin ist eine sehr warmherzige Frau und kümmert sich aufopfernd für den Zusammenhalt ihrer Familie, was aber nicht von jedem honoriert wird. Im Gegenteil, von dem einen oder anderen wurde ihre Gutmütigkeit gerne für böse Spielchen missbraucht. Vor einiger Zeit meldete sie sich zu einem Englischkurs bei der Volkshochschule an, um sich ein wenig auf ihren Urlaub vorzubereiten. Die Kommentare ihres giftig-charmanten, selbstverliebten und psychopathischen Bruders daraufhin waren:

> „Ach wie schön, dass du dich zu dem Kurs angemeldet hast. Warum solltest du nicht auch versuchen, dich ein bisschen weiterzubilden? So

ein Kurs ist ja keine große Sache, da macht es ja auch nichts, wenn du ihn nicht schaffst. Bis auf ein paar Euro kann ja kein Schaden entstehen."

Mit diesen vermeintlich aufmunternden Worten hat er ihr wie immer ganz nonchalant mitgeteilt, was er von ihr hält, nämlich nichts. Sie wusste jedoch aus Erfahrung, was in etwa auf sie zukommen würde, und hatte ihre Entgegnung bereits zurechtgelegt und in groben Zügen auswendig gelernt:

„Ach weißt du, ich habe mir die letzten Tage viel Zeit genommen, über dich nachzudenken, und habe alle Begegnungen mit dir, an die ich mich noch erinnern kann, vor meinem inneren Auge vorbeiziehen lassen. Es hat mich traurig gemacht, dass ich gar nichts wirklich Schönes oder Echtes an dir finden kann. Dein ganzes charmantes Auftreten ist nichts anderes als eine große Inszenierung, hinter der sich nur Selbstzweifel und Angst verstecken. Deshalb habe ich auch immer mitgespielt, musst du wissen, aus Mitgefühl und nicht aus Dummheit, wie du glaubst. Aber nun ist auch für mich allmählich die Zeit gekommen, wo ich ein wenig an mich denken sollte, und ich muss dir leider meine Rolle als Opfer in deinem großen Heldenfilm aufkündigen."

Ihr Bruder stammelte noch etwas von wegen „so ein Blödsinn habe ich in meinem ganzen Leben noch nicht gehört", musste aber wegen eines angeblichen Termins sofort die Wohnung verlassen. Es ist kaum zu glauben, aber diese eine Niederlage hatte bewirkt, dass er Karin gegenüber keine dummen Sprüche mehr riskierte. Dafür hatte er sich ein ganzes Stück weit zurückgezogen. Aber das ist ganz in Ordnung und war zu erwarten. Es ist auch sein gutes Recht, jene Menschen zu meiden, die ihm nicht den gewünschten Nutzen bringen. Karin aber hatte erreicht, was sie sich vorgenommen hatte. Sie wurde geachtet, und es ist für sie viel besser, nur noch in großen Zeitabständen ihren Bruder zu treffen und sich nun auf Augenhöhe mit ihm zu unterhalten, anstatt sich wie früher bei jeder Gelegenheit für Erniedrigungen zur Verfügung zu stellen.

Bei Vera verhielt es sich ähnlich: Ihre Eltern haben sie immer noch wie ein Kind behandelt, obwohl sie mittlerweile selbst verheiratet ist und drei Kinder hat. Sie riefen sie an, zitierten sie zu sich und ließen sie alles Mögliche erledigen, ohne sich zu bedanken oder ihre Hilfe wertzuschätzen. Statt Dankbarkeit zu zeigen, wussten sie alles besser, und Vera konnte ihnen nie etwas wirklich recht machen. Eines Tages wurde ihr die Ausweglosigkeit dieser Situation im ganzen Ausmaß klar, und sie fand die Kraft, diesem Spiel ein Ende zu bereiten. Als sie das nächste Mal zu ihnen zitiert wurde und wie immer nichts richtig machen konnte, fing sie den Ball nicht mehr auf, sondern schlug sie mit deren eigenen Waffen. Sie sagte ganz ruhig mit gespielt verständnisvoller Stimme:

> „Ihr habt ja recht, ich mache das alles nicht gut genug, wie ihr es gerne hättet und natürlich auch verdient habt. Deshalb ist es besser, ihr sucht euch jemand anderen, der euch unterstützt. Ich wäre euch ja gerne beim Suchen behilflich, aber ihr sagt ja immer, dass ich in solchen Dingen keine glückliche Hand habe.

Und zu meiner Wenigkeit: Mir bereitet es ja auch keine Freude, nie gut genug zu sein. Hören wir also auf, uns gegenseitig zu quälen. Ich kümmere mich ab jetzt nur noch um meine Familie und ihr euch um euch. Dann wird endlich alles für jeden zufriedenstellend. Ich wünsche euch alles Gute. Wünscht ihr mir das Gleiche."

Dann drehte sie sich freundlich lächelnd auf dem Absatz um und ging nach Hause, noch bevor die Eltern wieder zur Besinnung kamen. So etwas hatten sie nie und nimmer erwartet. Nach vierzig Jahren Gehorsam kam plötzlich der totale Befreiungsschlag. Aber widersprechen konnten sie auch nicht, schließlich wiederholte die Tochter doch nur deren eigenen Worte und respektierte damit sogar ihre Wünsche. Wie zu erwarten war, meldeten sich die beiden nicht lange danach. Und, womit Vera nie gerechnet hatte, hatten sie sehr wohl verstanden, dass sie sich entweder ändern oder für den Rest ihres Lebens allein bleiben mussten. Sie entschieden sich naturgemäß für die Änderung, denn Einsamkeit kam nie und nimmer infrage. Vera wurde auch danach nicht geliebt, diese Gabe hatten beide eben nicht. Aber sie fühlte sich nicht mehr verantwortlich für sie und ließ sich nicht mehr vor ihren Karren spannen. Und das Beste dabei war, dass ihre Eltern sie zumindest der Form halber respektieren und lernen mussten, sich zu bedanken. Das war in Anbetracht der Vergangenheit sehr viel.

Eine vergleichbare Erfahrung machte Vanessa. Wenn ihr Mann Kurt von der Arbeit kam, war nach fünf Minuten die Ruhe dahin. Er schikanierte sie und die Kinder auf jede erdenkliche Art, um ihre Harmonie bewusst zu zerstören.

Er gönnte sie ihnen nicht, weil er nicht in der Lage war, selbst daran teilzuhaben. So kam er eines Tages wie immer angespannt und streitsüchtig nach Hause und versuchte, Unruhe zu stiften. Doch an diesem Tag ließ sich Vanessa nicht in seinen Strudel mit hineinziehen. Sie nahm ihn beiseite und sagte ganz ruhig:

> „Ich sehe, dass du dich nicht über uns freuen kannst und bemüht bist, Unruhe zu stiften. Aber wir werden dir heute nicht die Freude bereiten, darauf einzugehen, und werden jetzt gemütlich weiterspielen. Wenn du aber unbedingt jemanden brauchst, den du aufmischen kannst, dann überleg′ mal, wer noch ein gutes Opfer abgeben könnte. Uns kannst du jedenfalls ab sofort von deiner Liste streichen."

Kurt war zwar wütend und verließ das Zimmer, verhielt sich aber für den Rest des Tages ungewöhnlich ruhig und vermied auch die kommenden Tage weitere Angriffe. Natürlich verfiel er immer wieder in seine alten Muster, aber das war für Vanessa nicht mehr besonders beeindruckend, da sie sich entschieden hatte, dafür zu sorgen, dass sich die Familie nicht mehr als Prellbock für seine Bosheiten zur Verfügung stellen wird. Sie ging nicht mehr auf seine Inszenierungen ein und gab ihm durch ihr ruhiges und entschlossenes Auftreten deutlich zu verstehen, dass ein Familienleben ohne ihn eher eine Bereicherung wäre und kein Verlust. Und schon war wieder Ruhe.

All das zeigt: Eine abgeklärte Haltung ist schon die halbe Miete. Es tut unglaublich gut, wenn man, statt verletzt um sich zu schlagen oder sich zu rechtfertigen, ganz souverän den Ball ins Leere fliegen lassen kann.

Nehmen wir einmal an, Ihr Ehepartner wird sehr aggressiv und beleidigend. Dann versuchen Sie es einmal damit:

> „Weißt du, ich sage es dir ja nicht gerne, aber wenn du dich so gehen lässt, wirkst du sehr hilflos und unschön. Stell' dich bitte vor den Spiegel und wiederhole noch einmal genau, was du gesagt hast, und vor allem, wie du es gesagt hast. Dann siehst du selbst, dass man dich so nicht respektieren und schon gar nicht lieben kann. Und das gerade, wo du doch jedem beweisen möchtest, wie großartig du bist."

Die Wut, die Ihr Partner hat, wird nicht unbedingt gleich besser, aber die Ansage versteht er. Statt sich Respekt zu verschaffen, muss er den Punkt an Sie abgeben. Machen Sie aber danach nicht den Fehler, sich in eine neue Auseinandersetzung über Ihr Verhalten verwickeln zu lassen. Ihre Bemerkungen sollen für Sie stets der Abschluss zu diesen Themen sein. Würden Sie weitermachen, würde es sehr wahrscheinlich in weitere Beschuldigungen ausarten, die Ihr schönes Ergebnis kaputt machen. Ziehen Sie sich lieber zurück, zerreden Sie nichts und freuen Sie sich über Ihre gute Arbeit und Ihre Selbstbeherrschung. Außerdem wäre jetzt eine kleine Belohnung angebracht. Ein Stückchen Schokolade, ein Bad, eine halbe Stunde lesen, ganz gleich, was es ist, Hauptsache, Sie belohnen sich damit. Unser Körper und unsere Seele müssen zuweilen sehr viel Anspannung und Schmerz verkraften; wie schön ist es dann, wenn sie auch den Erfolg feiern dürfen.

Machtdemonstration als Schwächeindikator

> *„Wenn du einem Riesen begegnest, prüfe erst am Stand der Sonne, ob es nicht bloß der Schatten eines Zwerges ist."*
>
> Chinesische Weisheit

Wenn Sie Ihre Sichtweise verändern, wird Ihnen klar, dass Ihr Gegenüber gar nicht wirklich stark ist, sondern dass es schon immer ein guter Schauspieler war, der souverän in diese Rolle geschlüpft ist. Der Psychopath spielt sie sicherlich überzeugend, aber es ist eine Rolle, ein Theater, und ein schlechtes dazu. Lassen Sie ihn ruhig weitermachen, wenden Sie aber Ihre Aufmerksamkeit dem Teil in ihm zu, der sich dahinter verstecken möchte. Wir wissen, es ist das verletzte Kind.

Ich selbst wurde vor vielen Jahren Zeuge, als ein Kollege wieder einmal mit unglaublich respektlosem Verhalten seine Mitarbeiterinnen angeschrien hatte. Man brauchte über keine besonderen psychologischen Kenntnisse zu verfügen, um zu sehen, dass ihm dieser Moment tiefe Befriedigung und Lust bereitete. Ich beobachtete dieses Szenario einen Moment und ging dann ruhig auf ihn zu.

Ich stellte mich ganz dicht vor ihn, sah ihm tief in die Augen und flüsterte mit ganz liebevoller Stimme:

> „Ich glaube, Sie brauchen einfach nur jemanden,
> der Sie ein bisschen in den Arm nimmt, dann
> wird alles wieder gut."

Dann legte ich meinen Arm um ihn und schob ihn sachte aus dem Zimmer. Als er seine Sprache wiederfand, starrte er mich fassungslos an und klagte, dass ich ihm mit diesem Auftritt jegliche Autorität für alle Zeiten genommen hätte. Es stimmte, ich hatte ihm etwas genommen. Aber nicht Autorität – die hatte er nämlich nie. Eine gesunde Autorität ist etwas, das durch eigenes vorbildliches und nachahmenswertes Verhalten entsteht. Es ist nichts, was man erzwingen kann. Und schon gar nicht durch lächerliche, gemeine Angriffe.

Was ich getan habe, war, dass ich ihm für einen kurzen Moment seine Maske abgenommen habe. Hinter solch einer erbarmungslosen Fassade lebt nämlich keine starke Persönlichkeit, sondern, wie wir mittlerweile wissen, ein gebrochenes Kind – schwach, hilflos, zutiefst verzweifelt.

Mein Handeln konnte ich aber nicht als Genugtuung empfinden, sondern als Notwendigkeit, um diejenigen zu schützen, die sich selbst nicht wehren konnten. Dieses Beispiel dient sehr gut als Demonstration dafür, wie schnell Psychopathen aus der Bahn zu werfen sind, wenn man sie überrumpelt. Für solche Vorkommnisse haben sie nämlich in aller Regel keine Handlungsalternativen parat, aus denen sie spontan eine nützliche Reaktion generieren können. Hätte ich ihn stattdessen wegen seines Verhaltens verbal angegriffen, wäre er total ausgerastet und hätte auf allen Ebenen um sich geschlagen. Schließlich hatte er in aggressiven Verhaltensweisen viel Übung.

Ein anderes Mal, als er wieder mit unglaublicher Wut eine Kollegin attackierte, mischte ich mich ebenfalls mit betont gelassener Stimme ein und sagte:

> „Ach Herr Abel, kann ich Ihnen vielleicht helfen
> und mich als Dolmetscherin anbieten? Wissen
> Sie, Frau Bender ist von Beruf kaufmännische
> Angestellte und keine Psychiaterin, die aus
> Ihren unkontrollierten Wutausbrüchen Ihre
> eigentliche Botschaft herausdeuten könnte.
> Und es ist auch nicht ihre Pflicht. Sie wird nur
> für Bürotätigkeiten bezahlt. Also sagen Sie mir
> doch bitte einmal ganz ruhig und sachlich, was
> eigentlich der Kern Ihrer Mitteilung sein soll-
> te, dann werde ich es gerne an sie weiterleiten.
> Über Ihr Verhalten, das Ihre Kollegialität aufs
> Gröbste verletzt hat, möchte ich mit Ihnen
> danach aber auch noch sprechen."

Herr Abel war wieder so perplex, dass er wie ein Kind vorgeführt und sein Verhalten im gleichen Atemzug mit einem
Psychiater in Verbindung gebracht wurde, dass er voller
Wut das Büro verließ, doch meine Kollegin in den darauffolgenden Wochen nicht mehr für seine Aufmerksamkeits-
spielchen missbrauchte. Die Angst vor einer neuen Blamage
war zu groß.

So ist es mit ihnen: Man muss sich immer wieder in gewissen Abständen Respekt verschaffen. Nur werden diese
Abstände immer länger und die Angriffe immer schwächer,
wenn sie nicht lustvoll, sondern peinlich für sie enden.

Eine ähnliche Reaktion hatte sich in anderen Fällen auch
sehr gut bewährt:

> „Ich glaube, dass Sie ein sehr trauriger Mensch
> sind. Ansonsten würde es Ihnen keine Genugtu-
> ung verschaffen, Ihre Mitmenschen zu verletzen.

> Aber Sie verwechseln hier etwas Entscheidendes:
> Wir sind nicht Ihre Eltern, die Ihnen als Kind
> offensichtlich großen Kummer zugefügt haben.
> Wir sind nur unschuldige Kollegen, die hier ihren
> Job machen. Wir können Ihren Schmerz nicht
> heilen, auch wenn Sie es noch so oft versuchen."

Zweifellos ist es sehr schade, wenn man einem Menschen nur mit solch schweren Geschützen Einhalt gebieten kann. Aber sie sind es, die Terror ausüben, und es gibt keinen Grund, sich als Sündenbock für blinde Gewalt zur Verfügung zu stellen. Auch bei partnerschaftlichen Beziehungen mit Psychopathen gelten die gleichen Gesetzmäßigkeiten.

Ramona zum Beispiel ist eine sensible Frau Mitte dreißig. Ihr Mann besitzt eine starke antisoziale Ausprägung. Kaum waren sie verheiratet, behandelte er sie mit Abscheu und Verachtung. Seine Angriffe waren bedrohlich, laut und unglaublich verletzend. Verbale Demütigungen wie: „Äh, bist du fett", oder: „Du siehst zum Kotzen aus" kamen immer wieder vor, auch vor anderen Leuten. Außerdem schlug er sie, wahrscheinlich um sich von den vielen Niederlagen seines angeschlagenen Seelenlebens zu entlasten.

Ramona lernte aber immer besser, auf unberechenbare Weise darauf zu reagieren. Eines Tages sagte sie ihm:

> „Weißt du, wenn du so herumbrüllst und mich
> zu verletzen versuchst, dann sehe ich dein tiefes
> Bedürfnis nach Größe. Aber ich kann sie dir leider nicht geben, selbst wenn du dich bemühst,
> sie zu erzwingen. Du musst dahin gehen, wo
> du ganz klein bist, und da üben. Wie wäre es,
> wenn du lieber deine Eltern von deiner Groß-

artigkeit zu überzeugen versuchst, da bist du doch immer noch das hilflose, ungeliebte Kind. Da ordnest du dich doch ganz kleinlaut unter. Da kannst du mal üben, dich wie ein richtiger Mann zu benehmen. Falls du aber noch einmal den Gedanken hegst, dich an mir zu erproben, wirst du dich nach einer anderen Frau umsehen müssen. Ich habe mich schon für diesen Fall beraten lassen. Mir geht es mittlerweile genauso wie den Bremer Stadtmusikanten: ‚Etwas Besseres als den Tod finde ich überall.' Oder kannst du mir eine Eigenschaft von dir nennen, für die es sich lohnen würde, zugrunde zu gehen?"

Das war eine ernst zu nehmende Warnung für ihn. Er sagte noch etwas Unverständliches und suchte das Weite. In den darauffolgenden Tagen war erst einmal Ruhe. Mit der Zeit versuchte er mit aufgesetzter Freundlichkeit, Ramona wieder auf seine Spur zu bringen. Doch da sie sich davon nicht mehr beeindrucken ließ und ihr neues Reaktionsmuster schon bei Kleinigkeiten immer wieder konsequent anwendete, wurde er zwar nicht herzlich, vermied es aber, sie weiterhin anzugreifen. Mehr kann man von solch einem Mann bekanntlich auch nicht erwarten. Sicherlich wird sie diese unbefriedigende Beziehung auch nicht auf Dauer weiterführen.

Von Dora möchte ich berichten, wie sie eines Tages ihrer ungehobelten Chefin, die ebenso nichts von höflicher Kommunikation hielt, selbstbewusst entgegentrat. Diese beliebte, ihre Angestellten wüst zu beschimpfen, und versuchte, alle Menschen um sich herum zu versklaven. Groteskerweise beklagte sie sich aber im gleichen Atemzug, dass niemand sie möge und auch ihr Mann sie nicht liebe. Eines Morgens nahm Dora also ihren ganzen Mut zusammen und benutzte folgende Variante: Sie hielt ihrer keifenden Chefin einen Handspiegel vor das Gesicht und fragte ernsthaft:

> „Sehen Sie hinein und sagen Sie mir, was sollte Ihr Mann denn eigentlich an Ihnen lieben? Was ist das Schöne an Ihnen, das ihm und uns entgangen sein sollte?"

Diese Erfahrung war für ihre Chefin niederschmetternd. Dora erzählte mir später glücklich und ausgelassen, dass diese vollkommen erstarrte und mit fassungslosem Gesicht erfolglos nach irgendwelchen netten Eigenschaften suchte, bis sie erschöpft das Zimmer verließ.

Diese Momente der Selbsterkenntnis halten in der Regel natürlich nicht lange an. Meist sogar nur wenige Minuten, und dann gehen solche Menschen wieder zur Tagesordnung über. Doch was zurückbleibt, ist eine Warnung, nie wieder so leichtsinnig eine Situation heraufzubeschwören, die die krampfhaft unterdrückten Seelenschmerzen an die Oberfläche spülen kann.

Auch Tine verzweifelte über ihren Abteilungsleiter, der ihr ständig Unterlagen vorenthielt, um ihr danach vorzuwerfen, dass ihre Arbeit unvollständig und fehlerhaft sei. Dass er aber zuvor alle ihre Bitten auf Herausgabe der Akten immer wieder verweigerte, spielte natürlich keine Rolle. Entweder schrie er sie an, lächelte mitleidig und besorgt über ihre angebliche Zerstreutheit oder machte sie vor ihren Kollegen lächerlich.

Doch eines Tages, als er sie wieder einmal vor der ganzen Abteilung demütigte, reagierte sie, aber diesmal nicht mit Verzweiflung und Weinen, sondern mit Stärke:

> „Warum macht es Ihnen eigentlich so große Freude, andere Menschen herunterzuputzen? Ist Ihnen schon einmal selbst aufgefallen, wie Ihre Augen dabei leuchten und um Ihren Mund ein selbstzufriedenes Lächeln spielt? Worin besteht aber jetzt Ihre große Genugtuung? Glauben Sie vielleicht, dass Sie größer wirken, wenn Sie die Würde anderer beschädigen? Falls es so ist, dann kann ich Ihnen versichern, dass gerade das Gegenteil geschieht. Bitte unterlassen Sie in Zukunft Ihre Angriffe um unserer, aber auch besonders um Ihretwillen. Ich gebe Ihnen mein Wort darauf, Sie imponieren uns ganz sicher nicht."

Ihr Abteilungsleiter hätte ihr nach dieser Vorstellung am liebsten Gift gegeben. Doch das Allerschönste war, dass er kurz danach frühzeitig seinen Arbeitsplatz verließ und auch die nächsten zwei Tage nicht mehr auftauchte. Und künftig ging er ihr, wann immer es sich einrichten ließ, aus dem Weg und überließ ihr widerstandslos, wenn auch missmutig, die geforderten Unterlagen. Das war für Tine wie ein Sechser im Lotto. Und es war für sie der Anfang zu einem neuen, nie gekannten Selbstbewusstsein.

Ähnlich setzte sich Birgit, eine Arzthelferin, die kurz vor dem Ruhestand war, zur Wehr. Sie bekam eine neue Kollegin, die sich sehr eifrig bemühte, die ganze Aufmerksamkeit der Ärzte und der Patienten auf sich zu lenken. Sie fühlte sich schon nach kurzer Zugehörigkeit als die ungekrönte Königin der Praxis und genauso behandelte sie auch ihre Kolleginnen, nämlich respektlos und unverschämt. Und wie es so oft im Leben geschieht, erntete sie mit dieser Haltung auch noch Erfolg. Ihr auffallendes Benehmen wurde als ehrliches Engagement interpretiert, weshalb sie von dem Ärzteteam rückhaltlos unterstützt, ja sogar hofiert wurde. Ihre Kolleginnen fühlten sich hilflos und beklagten sich heimlich untereinander. Bloß Birgit war nicht bereit, sich am Ende ihres langen Berufslebens von fast noch einem Mädchen so abkanzeln zu lassen. Bei der nächsten Gelegenheit, die auch gar nicht lange auf sich warten ließ, erwiderte sie:

„Glauben Sie, Sie schaffen es noch in diesem Leben, einfach ganz normal Ihre Arbeit zu machen, oder muss ich mir jetzt Tag für Tag Zeit nehmen, mit Ihnen Ihre Erziehung aufzuarbeiten? Nach dem zu urteilen, wie Sie sich verhalten, müssen Sie von schweren Defiziten geplagt sein. Aber möchten Sie nicht dennoch versuchen, erwachsen zu werden? Sie beherrschen Verhaltensweisen, die Kleinkinder benutzen, aber doch bitteschön keine erwachsenen Menschen. Das ist einfach nur peinlich. Und Sie können vollkommen sicher sein, dass mir Ihre Vorstellungen nicht imponieren.

Falls Sie sich aber jetzt von mir ungerecht behandelt fühlen, können wir uns sehr gerne mit allen Kolleginnen und meinetwegen auch mit den Ärzten zusammensetzen und offen über Ihre Person sprechen. Dann werden Sie sehen, dass ich mit meiner Meinung nicht allein bin. Doch glaube ich kaum, dass Sie dies durchstehen werden, denn selbst wenn unsere Doktoren Sie nach außen hin unterstützen, weil Sie sich so perfekt anbiedern, so bleiben Sie doch der gleiche hässliche Mensch."

Auch das hatte gewirkt. Die junge Frau wurde zusehends stiller und war zu niemandem mehr unverschämt. Allerdings musste ihr Birgit in gewissen Abständen immer wieder die Grenze aufzeigen, wenn auch nicht mehr in dieser Deutlichkeit. Das ist bei Psychopathen leider nötig.

Ein weiteres hilfreiches Beispiel gegen ungezügeltes, egozentrisches Verhalten ist folgende Vorgehensweise. Wer sich dabei besser fühlt, kann das Folgende auch in einem besorgten Ton ansprechen:

> „Ich möchte Sie gerne etwas Persönliches fragen, Sie müssen mir auch nicht antworten, wenn Sie das nicht möchten: Sie sind doch verheiratet. Wie hält Ihr Partner das denn aus? Wie kann man mit jemandem zusammenleben, der Freude daran hat, anderen Schmerzen zuzufügen? Wer möchte das denn? Ich kann mir beim besten Willen nicht vorstellen, dass man seine Gefühle zu Hause wie einen Schalter umlegen kann. Oder hat Ihr Mann vielleicht das gleiche Naturell, und Sie ergänzen sich lediglich? Können Sie mir die Frage beantworten? Es würde mich aufrichtig interessieren."

Diese Aktionen sind in aller Regel deshalb so erfolgreich, weil diese kleinen Tyrannen alles Mögliche gewohnt sind, nur nicht eine glasklare und offene Kommunikation. Sie kennen sich mit jeder Form der mehr oder weniger versteckten Gewalt aus: Intrigen schmieden, mobben, Aggressionen offen austragen usw. Aber wann begegnen sie denn einem Menschen, der ihnen einfach nur ungeschminkt sagt, was er sieht und denkt? Das traut sich doch in der Regel niemand. Aber gerade deshalb ist das Überraschungsmoment auf Ihrer Seite.

Was in bestimmten Situationen auch ganz heilsam sein kann, wenn Sie einfach einmal bei einem Gezeter Ihr Handy auf Aufnahme stellen und das Ganze aufzeichnen. Damit lässt sich weiterarbeiten:

> „Wissen Sie, Sie lassen Sich sehr oft gehen. Ich habe den Verdacht, dass Sie so sehr mit Ihrer Wut beschäftigt sind, dass Sie Ihr eigenes Verhalten gar nicht wahrnehmen. Ich habe gestern Ihre Predigt aufgenommen, damit ich mir Ihre Worte noch einmal in Ruhe anhören kann. Wenn Sie nämlich so schreien, kann ich keinen klaren Gedanken fassen und mir das alles merken. Und schließlich soll ich mir das Gesagte ja zu Herzen nehmen. Aber hören Sie sich das auch mal an. Glauben Sie mir, da tun sich Abgründe auf, die Sie zutiefst erschrecken werden."

Und dann spielen Sie das Aufgenommene ab. Sie werden sehen, dass das schreckliche Momente für die Betroffenen sind. Wahrscheinlich werden sie den Raum verlassen haben, bevor sie drei Sätze am Stück gehört haben. Auch diese Lehre wird sitzen. Ob das juristisch allerdings wirklich einwandfrei ist, sollten Sie vorher abklären.

WIE MAN SICH GEGEN PSYCHOPATHEN WEHRT

Manches Mal reicht es aber auch aus, nur eine toughe Erwiderung auf eine unverschämte Äußerung oder Beschuldigung vorzubringen. Wenn Sie sich nicht so sehr in die Enge getrieben fühlen, ist es meistens einfacher, nur Ihre klare Ablehnung zu bekunden. Mögliche Äußerungen können sein:

> „In welchem Ton reden Sie eigentlich mit mir"?
> „Ich erwarte sofort eine Entschuldigung von Ihnen!"
> „Das nehmen Sie unverzüglich zurück!"
> „Was haben Sie für einen Ton an sich!"
> „Wir sind hier nicht auf der Straße."
> „Was haben Sie nur für schlechte Manieren! Sie sind wohl mit dem Hubschrauber durch Ihre Kinderstube geflogen."

Wie an den Beispielen zu sehen ist, sind auch wieder verschiedene Abstufungen enthalten. Sie sollten auch hier nicht unnötig hart vorgehen und nur solche Erwiderungen einsetzen, die Sie gut vorbringen können und auch in Verhältnismäßigkeit zu der gemachten Äußerung stehen. Mit kurzen, deutlichen Sätzen zu erwidern heißt jedoch nicht automatisch, dass Sie das gewünschte Ergebnis erreichen, aber Sie machen damit deutlich, dass Sie nicht ins ideale Beuteschema passen, und zeigen Selbstbewusstsein.

Generell sollte niemand in Ihrem Leben so viel negativen Einfluss auf Sie haben, dass Sie eines Tages davon krank werden. Aber nicht oft genug kann ich Sie darum bitten, dass Sie Ihre Verteidigungsmechanismen nur so lange einsetzen, wie Sie sie unbedingt benötigen. Lassen Sie sich niemals verleiten, sich mit diesen Leuten auf eine Stufe zu stellen, sondern gebieten Sie ihnen nur Einhalt. Wir können leider die Welt um uns herum nicht immer so gestalten, wie wir sie gerne hätten, doch wir brauchen auch nicht an jedem Chaos teilzuhaben.

Glücklicherweise gibt es manchmal durch solche deutlichen Worte aber auch ein Happy End. Das ist dann der Fall, wenn ein Bösewicht zwar ähnliche Züge an den Tag legt, aber nicht wirklich in dieser Struktur zu Hause ist. So erlebte ich vor mehr als dreißig Jahren, während meiner Arbeit in einem Pflegeheim, folgende Situation: Auf unserer Station arbeiteten mehrere junge Leute und sehr nette Zivildienstleistende. Dies schien für eine ältere Kollegin zu einem ausgewachsenen Problem zu werden. Sie schlich unermüdlich hinter uns her, um irgendetwas zu finden, das sie kritisieren konnte. Eines Tages, als sie uns wieder auflauerte, sprach ich sie an und sagte ihr ganz offen:

> „Es tut mir leid, dass ich Ihnen das sagen muss, aber wissen Sie eigentlich, dass niemand gerne mit Ihnen arbeiten möchte, weil Sie so biestig und bösartig sind?"

Sie starrte mich mit offenem Mund an und drehte sich auf dem Absatz um. Als ich ihr eine Stunde später im Aufzug begegnete, fragte sie mich mit verbissenem Gesicht, ob das wirklich mein Ernst gewesen sei oder ob ich bloß wütend gewesen wäre. Da ich ihr leider auch dieses Mal nichts Netteres berichten konnte, schien dieses Gespräch eine tief greifende Wirkung hinterlassen zu haben.

Am nächsten Morgen brachte sie eine selbst gebackene Torte mit und entschuldigte sich bei jedem von uns für ihre Gemeinheiten. Sie sagte, dass sie schon Jahrzehnte mit dieser

Station verbunden sei und immer das Gefühl gehabt habe, gebraucht zu werden, aber dass sie sich plötzlich so überflüssig vorkäme bei all den jungen Leuten, die so herzlich mit den alten Menschen umgingen und ihnen Freude bringen, was sie angeblich nicht konnte.

Plötzlich war es, als wäre ein Wunder geschehen. Jeder umarmte sie und versicherte ihr mit liebenswerten Worten, dass er das gut verstehen könne und wir ab jetzt ein tolles Team abgeben würden. Und so war es auch. Nie wieder hatte ich so eine herzliche Arbeitsatmosphäre erlebt. Und meine Kollegin war so glücklich über ihre Veränderung, dass sie keine Gelegenheit ausließ, sich bei uns für unsere Ehrlichkeit zu bedanken, wodurch sie wieder so liebevoll werden konnte, wie sie in Wirklichkeit schon immer gewesen war.

So schön kann es auch ausgehen, wenn unmissverständliche Worte dazu ausgesprochen werden, um etwas zu bewirken, und nicht, um blind zu verletzen.

In der Sackgasse

„Wir leben alle unter demselben Himmel, aber wir
haben nicht alle denselben Horizont."
Konrad Adenauer

Leider kann man aber auch an Grenzen kommen, wo keine Veränderung mehr möglich ist. Einer Klientin von mir ging es beispielsweise so. Sie arbeitete für mehrere Jahre bei einem großen Finanzdienstleister, der ihren Arbeitsvertrag lediglich von Jahr zu Jahr verlängerte. Als nun nach der geltenden Rechtsprechung eine Weiterbeschäftigung nur noch durch eine Festanstellung möglich war, wurde sie wenige Tage vor der erhofften Übernahme unglaublich arrogant und erniedrigend zurückgewiesen. Ihre Kündigung wurde ihr unverschämt wie ein nasses Handtuch um die Ohren gehauen, ohne Spur von Bedauern oder Dankbarkeit für die wundervolle Unterstützung und den unermüdlichen Einsatz.

Ihre Chefin gehörte nun einmal zu der ungehobelten psychopathischen Sorte, die tiefe Freude daran empfindet, andere zu verletzen. Und sie genoss es, noch ein letztes Mal ihr Messer zu wetzen – und das ganz ohne Not: „Du siehst ja selbst, wie alt du bist. Du passt doch nicht in unser Team. Wir möchten nur noch junge Leute um uns herum haben, die zu uns passen."

Ein Mitglied des Betriebsrats, der diesem Gespräch beiwohnte, insistierte, dass diese Kollegin immer zur allergrößten Zufriedenheit ihre Aufgaben erfüllt und auch ständig Überstunden geleistet habe, dass sie nie krank und zu allen Mitarbeitern sehr freundlich und hilfsbereit gewesen und überhaupt sehr beliebt sei. Außerdem sei eine Weiterbeschäftigung gerade aufgrund ihres Alters von 57 Jahren für sie sehr bedeutsam. Der zu erwartende Renteneinbruch würde sich im Falle einer drohenden Arbeitslosigkeit existenziell auswirken. Die abweisende Antwort ihrer Chefin war daraufhin nur: „Wir sind hier nicht bei der Caritas."

Kein Wort der Anteilnahme für die aufopferungsvollen Jahre der Mitarbeit kam über ihre Lippen. Im Gegenteil, es schien ihr Freude zu bereiten, ihre Machtposition demonstrieren zu können. Bei so einer Kaltblütigkeit kann man in solchen Situationen nichts mehr bewegen. Da steht man mit dem Rücken zur Wand, und das war es dann.

Marion erzählte mir, dass sie nach diesem Gespräch vollkommen aufgelöst gewesen sei und am ganzen Körper gezittert habe. Doch sie blieb erwartungsgemäß brav an ihrem Arbeitsplatz und versuchte, irgendwie den Tag durchzuhalten. Auch die nächsten Tage kam sie mit letzten Kräften zur Arbeit, bis sie schließlich krank wurde und Herzattacken bekam.

Das ist leider kennzeichnend für diese Altersklasse. Ich habe bereits erwähnt, dass unsere Generation gelernt hat, sich um jeden Preis anzupassen, zu funktionieren und die Vorgaben anderer zu erfüllen. Marion tat, was viele tun, wenn sie zurückgewiesen werden. Sie drehen sich nicht um und gehen, sondern zeigen noch mehr Engagement; als wären sie schuld an dieser Situation, als hätten sie einfach noch nicht genug bewiesen, wie wertvoll sie wirklich sind. Auch Marion wollte zeigen, dass sie auch nach so viel Prügel immer noch loyal und zuverlässig ist. Doch opferte sie mit diesem Verhalten auch noch ihren letzten Rest Selbstachtung, und fügte sich dadurch sehr große Selbstverletzungen zu. Es ist nämlich kein gesundes Verhalten, sich jenen Menschen auch noch anzupassen, die unsere persönliche Integrität zerstören. Sie hatte sich insgeheim gewünscht, ihrer Chefin gegenüber wenigstens deutlich formulieren zu können, was sie von ihr hält. Doch war sie in diesem Augenblick verständlicherweise wie versteinert. Dennoch ist es sehr wichtig, seinem Herzen Luft zu verschaffen und nicht diese Negativität in sich hinein-zufressen, um sie möglicherweise einige Zeit später wieder als Krankheit begrüßen zu müssen.

Auch hier gilt wieder: Es ist Ihr gutes Recht, sich zur Wehr zu setzen, jedoch nicht durch unkontrollierte, aggressive Wut-ausbrüche. Aber Sie haben jederzeit das Recht zu beschreiben, was Sie empfinden oder wahrnehmen, bzw. zu sagen, was Sie ängstigt. Ein nach meiner Meinung passender Ausdruck in solch einer Situation gegenüber dieser Art von Vorgesetzten kann beispielsweise so aussehen:

> „Ich habe zur Kenntnis genommen, dass ich Sie nicht bewegen kann, mich in diesem Unter-nehmen weiterhin zu beschäftigen. Das verletzt mich sehr und bereitet mir große Zukunftsängs-te. Aber ich werde mir meinerseits die Freiheit erlauben, Ihnen zu sagen, dass mich Ihr heutiges Verhalten zutiefst erschreckt. Ich konnte we-der in Ihren Worten noch in Ihren Gesten das geringste Anzeichen von Mitgefühl ablesen. Für mich ist die Fähigkeit, das Leid anderer Men-schen wahrzunehmen und der Wunsch, es abzu-wenden, gerade die Eigenschaft, die das Mensch-sein ausmacht. Allein der Kampf um die stärkere Position, um Interessen durchzusetzen oder jeg-liche Vorteile auszuschöpfen, ist keine primär menschliche Eigenschaft. Wir finden sie fast bei jeder Spezies im gesamten Tierreich.

Sie wollen diese Firma angeblich nach vorne bringen, bedienen sich aber Methoden, die jeglichen sozialen Verpflichtungen widersprechen, und zerstören genau das, was das größte Potenzial ist, nämlich die Mitarbeiter selbst. Es macht mir Angst, dass Menschen mit solchen Überzeugungen Führungspositionen einnehmen können, wenn sie nicht einmal die Mindestanforderungen des in unserer Gesellschaft gültigen Werte- und Normensystems erfüllen."

Ihr Arbeitsvertrag wird zwar so auch nicht verlängert, aber Sie sind für Ihre Ehre und Würde eingestanden. Es ist eine wichtige Handlung, um so die angestaute Wut, Verzweiflung und Enttäuschung ein Stück weit herauszulassen und damit zu signalisieren, dass Sie nicht nur Opfer sind. Das sind Sie vielleicht in der Position des hilflosen Arbeitnehmers, aber nicht, was Ihre Persönlichkeit betrifft. Es wird Ihnen guttun, dem anderen zu zeigen, dass er sich lediglich aufgrund seiner Position so ein Verhalten erlauben kann, dass er aber, was die menschliche Seite seines Lebens betrifft, schon gefährlich nah am Abgrund steht, wenn nicht sogar schon hinabgestürzt ist, und dass Sie das deutlich sehen können.

Was durch solche oder ähnliche Sätze weiterhin geschehen würde, wäre, dass diese Person nicht mehr die Genugtuung hätte, ihre Überlegenheit genießen zu können, sondern sie würde ihr Gesicht verlieren. Und das würde sitzen, auch wenn sie es zunächst gut verbergen könnte. Sie würde sich sehr wahrscheinlich zukünftig bei ähnlichen Situationen nicht mehr so weit aus dem Fenster lehnen. Nicht weil sie achtsamer ihren Mitarbeitern gegenüber geworden wäre, sondern weil sie sich selbst auch nur vor der entferntesten

Möglichkeit einer weiteren Demütigung schützen möchte. Immerhin würde das auch etwas Gutes bewirken.

All jenen, denen es bei solchen Gemeinheiten verständlicherweise leicht die Sprache verschlägt, bleibt der Trost, dass sie ihre Gedanken ebenso gut ein paar Tage oder sogar Wochen später zu Papier bringen können. Eine kleine Verzögerung macht überhaupt nichts aus. In einem Fall wie diesem könnte so ein Brief zur größtmöglichen Wirksamkeit auch mit Kopien an die unmittelbaren Vorgesetzten, an die Geschäftsleitung und den Betriebsrat versendet werden.

Vergebung

Einmal gab ein Zen-Meister seinem Schüler einen leeren Sack und eine Kiste mit Kartoffeln und sagte: „Nimm für jeden Menschen, der dich verletzt oder verärgert hat und dem du nicht vergeben hast, eine Kartoffel, schreibe seinen Namen darauf und lege sie in den Sack. Trage ihn dann eine Woche lang auf deinem Rücken." Der Schüler tat, wie ihm geheißen, und bald war der Sack bis oben hin gefüllt. Dann nahm er ihn auf seine Schultern und ging seines Weges. Anfangs erschien ihm die Aufgabe noch leicht, doch von Tag zu Tag fühlte sich der Sack schwerer an, und die Kartoffeln begannen zu faulen und verbreiteten einen beißenden Geruch.

Als endlich die Woche vorüber war, kam der Meister und fragte: „Nun sage mir, was haben dich die Kartoffeln gelehrt?"

Warum vergeben?

„Groll ist, als ob man Gift nimmt in der Hoffnung,
dass der andere stirbt."
Lebensfreude-Kalender 2009

Es ist gewiss nicht einfach zu vergeben, wenn man tief verletzt wurde. Wir reagieren von Natur aus gewöhnlich auf den ersten Impuls, alles haarklein an den zurückzuzahlen, der uns wehgetan hat. Wir gaukeln uns dabei ein Gefühl der Erleichterung vor und wiegen uns in Sicherheit, dass wir uns wehren können und nicht ohnmächtig als Verlierer zurückbleiben. Wir erschaffen uns eine gedankliche Bühne, auf der wir zu Hochform auflaufen, um letztlich doch noch als Gewinner aus der ärgerlichen Situation hervorzugehen. Aber diese Bühne ist nichts weiter als eine Illusion.

Wäre diese Variante wenigstens Erfolg versprechend, würden wir im Stillen ein wenig schimpfen, dem anderen dabei mal so richtig die Meinung geigen, und der Spuk wäre vorüber. Aber wir finden auf diese Weise keine Entlastung. Im Gegenteil. Wir geben dadurch den negativen Energien, die der andere auf uns abgeladen hat, Raum in uns, wo sie weiterleben und uns beginnen auszufüllen und sich obendrein mit unseren alten Enttäuschungen verknüpfen. Das ist eine ganz und gar unglückliche Allianz. Zusätzlich geschieht noch etwas: Unsere innere Ordnung wird durch unseren Ärger bedroht. Der Körper macht nämlich keine Unterschiede zwischen realen Angriffen oder aufgewühlten Gedanken. Beide lösen in ihm die gleichen Notfallprogramme aus, und er gerät unter Stress. Verschiedene Symptome wie beispielsweise innere Unruhe, Herzklopfen/-rasen, Bluthochdruck,

Verspannungen, Kopfschmerzen bis hin zu Schlaflosigkeit und Erschöpfungszuständen sind die Folge.

Wir wissen um diese emotionale Verbindung mit dem Körper, wir drücken sie auch aus und sagen: „Mein Herz blutet, das geht mir an die Nieren, das geht mir auf die Nerven" usw., nehmen sie aber doch nicht in dem Maße ernst, wie es sein sollte. Doch die Erhaltung unserer Gesundheit ist unsere eigene Verpflichtung.

Je nachdem, wie stark die seelische Verletzung war und die persönliche Reaktionsbereitschaft ist, können destruktive Gedanken so sehr Besitz von uns ergreifen, bis wir sie auch mit größter Anstrengung nicht mehr abschütteln können. Hinzu kommt, dass solche Gedanken uns in der Vergangenheit festhalten und wir unsere gegenwärtige Präsenz stark vernachlässigen. Bei vielen Menschen hat man manchmal das Gefühl, dass sie in einer Art Trance sind und ihr Autopilot den Tagesablauf steuert.

Daskalos, ein bekannter Mystiker aus Zypern, erklärte es so, dass jede Emotion und jeder Gedanke, den wir aussenden, eine eigenständige Energieform erzeugt. Er nennt sie Elementale. Sind die Emotionen sehr stark und werden sie oft wiederholt, gewinnen diese Elementale mehr und mehr an Kraft. Das führt dazu, dass sie uns letztlich wie eine Wolke umgeben und so stark beeinflussen, dass wir uns ihrem Wirken nicht mehr ohne Weiteres entziehen können. Die Folge solcher Zwangsgedanken ist, dass wir innerlich zerrissen sind. Die notwendigen Bereiche der Ruhe und Regeneration, deren unser Körper dringend bedarf, sind nicht mehr zugänglich. Deshalb ist es schon um unseretwegen sehr wichtig, dass wir vergeben können. Doch die meisten von uns haben nie gelernt, wie sie das bewerkstelligen können, denn in unserer Gesellschaft herrscht auch heute noch größtenteils das Prinzip „Auge um Auge, Zahn um Zahn".

Zwar spricht die Kirche davon, dass wir, um Gott gerecht zu werden, vergeben müssen, doch finden die meisten Gläubigen auch da keine umsetzbare Anleitung, wie das konkret aussehen kann, wenn es nicht nur ein oberflächliches Lippenbekenntnis bleiben soll.

Vergebung kann nur dann funktionieren, wenn sie nicht auf Gedanken basiert, die aus Pflichtbewusstsein oder, noch schlimmer, aus der Angst heraus, kein guter Christ zu sein, geboren worden sind. Allein der ehrliche Wunsch zum Vergeben ist zwar sehr lobenswert, reicht aber in den seltensten Fällen aus. Mir sind schon sehr viele Menschen begegnet, die davon überzeugt waren, dass sie restlos jedem alles verziehen hätten. Ich glaube ihnen durchaus, dass es wirklich ein aufrichtiges Bemühen ist. Doch kaum wird ihre Oberfläche nur ein wenig angekratzt, werden sie wieder von ihrem alten Schmerz erfasst und erschrecken ihre Mitmenschen mit äußerst widersprüchlichen Reaktionen.

Vergebung ist vielmehr eine tief greifende Reinigung des Seelenfeldes. Dabei ist es sehr hilfreich, wenn Sie darangehen, die tieferen Zusammenhänge des Lebens zu suchen und verstehen zu lernen. Jeder ist in Wahrheit eine einmalige und unsterbliche Seele, deren Aufgabe es in diesem Leben ist, lebendig und weit zu werden und sich nicht von der Unvollkommenheit der Welt vergiften zu lassen. Anselm Grün sagte einmal auf einem Vortrag sinngemäß: „Sie können selbst entscheiden, ob Sie sich von Ihren Aufgaben zer-brechen oder auf-brechen lassen."

Dennoch verhält es sich aber so, dass Vergebung meist nur aus der Distanz heraus gelingen kann und nicht in der akuten

Phase, wenn man noch unmittelbar in der Schussbahn des Angreifers steht. Es ist gegen unsere menschliche Natur und widerspricht unseren Überlebensinstinkten, denen Gutes zu wünschen, die uns existenziell bedrohen. Sich das abzuverlangen wäre unter Umständen eine totale Überforderung.

Deshalb möchte ich allen, für die dies augenblicklich zutrifft, empfehlen, zunächst das Äußere zu klären und sich im Anschluss daran, wenn etwas Gras über die Sache gewachsen ist, mit dem Thema Vergebung zu beschäftigen.

Die Widersprüchlichkeit der Lebenswelt

Ich möchte Sie einmal zu einem allgemeinen und ganz nüchternen Blick auf unsere Welt und unsere Vergangenheit einladen. Die Erde ist und war noch nie ein Planet von Harmonie und Gerechtigkeit, wie wir sie gerne hätten. Im Tierreich beispielsweise gibt es eine erbarmungslose Nahrungskette, wo sich der Stärkere vom Schwächeren ernährt. Aber auch unsere moderne Zivilisation macht von ihrem vermeintlichen Recht des Stärkeren gnadenlos Gebrauch und ernährt sich von Fleisch und vielerlei Tierprodukten, wofür die Tiere unter grausamen Umständen gequält werden. Leo Tolstoi soll einmal gesagt haben, dass es, solange es Schlachthäuser gebe, auch Schlachtfelder geben würde.

Fast alle machen bei diesem Wahnsinn mit und stehlen sich aus der Pflicht, weil Wegschauen bequemer ist, als Verantwortung zu übernehmen, und weil keiner auf Wohlstand und Überfluss verzichten möchte. Und wie gehen wir Menschen miteinander um? Auch wir bekämpfen uns und erzeugen permanentes Leid. Gerade unser Volk hat durch zwei Weltkriege und einen bestialischen Völkermord eine mehr als unrühmliche und grausame Vergangenheit zu verantworten.

Seit es Menschen auf dieser Erde gibt, gibt es auch Kriege, und das bis zum heutigen Tage. Daran hat sich nichts verändert, außer dass wir mittlerweile über hoch technisierte Waffen verfügen, mit denen wir eines Tages vielleicht einmal die ganze Welt vernichten.

Oder in Amerika, wo einst systematisch die Indianer getötet wurden, leben diese einst so stolzen und weisen Menschen, die der Natur mit dem allergrößten Respekt begegneten, heute immer noch gegen ihren Willen und ohne Zugeständnisse an die menschliche Würde in vernachlässigten Reservaten und knüpfen für Touristen Armbändchen und Federschmuck. Sie sind zu Fremden und Ausgegrenzten in ihrer einstigen Heimat degradiert worden. Ausgerechnet jene, die die Erde als ihre große Mutter stets verehrt und geehrt haben und die wir heute mehr denn je als Vorbilder bräuchten. Oren Lyons, der Häuptling der Onondaga-Nation, beschämte uns auch kürzlich wieder, indem er uns wissen ließ, wie man in seinem Volk miteinander umgeht. Es denkt nämlich bei jeder Entscheidung, die sie treffen, bis zur siebten Generation, die ihm nachfolgt. Während diese Menschen sich aufrichtig bemühen, für sich und ihre Nachkommen eine bessere Welt zu erschaffen, grenzen wir sie weiterhin aus und perfektionieren stattdessen eine Kultur der Zerstörung und Unmenschlichkeit.

Wir Menschen der reichen Industrieländer nehmen auch billigend Kinderarbeit in Kauf, weil wir nicht auf unzählige Güter wie günstige Schuhe, Textilien oder unsere Lieblingsschokolade verzichten möchten. Es sind ja nicht unsere Kinder, die unter schrecklichen Bedingungen als Sklaven gehalten werden, um für unseren Überfluss zu schuften.

Die meisten Menschen haben sich, ohne es zu bemerken, damit schon arrangiert und erachten all das beinahe schon als legitim. Wird aber ihren eigenen Kindern in einer Mathematikarbeit irrtümlich ein Punkt zu viel abgezogen, stürmen sie entrüstet und aufgebracht die Schule und fühlen sich als die personifizierte Verkörperung der Gerechtigkeit. Was würden wohl die Kinder von den Kakaoplantagen sagen, wenn sie unsere Doppelmoral und unsere Achtlosigkeit ihrem Schicksal und ihrer Wertlosigkeit gegenüber sehen würden?

Auch in unseren zwischenmenschlichen Beziehungen geht es heute noch hart her. Sicherlich wird niemand mehr wie im Mittelalter öffentlich auf dem Scheiterhaufen verbrannt. Dafür haben Einzelne jedoch andere Mittel entdeckt, ihre Mitmenschen zu zerstören, wenn sie ihnen unbequem erscheinen. Wer also einen Psychopathen im näheren Umfeld hat oder möglicherweise einmal Opfer einer schweren Mobbingaktion war oder ist, der weiß, wovon ich spreche. Allzu viele Menschen sind auch heute noch sehr, sehr grausam. Nur haben sie ihre dunkle Seite besser verpackt.

Unser Denken bildet also nicht die Realität ab, wenn wir glauben, dass es auf dieser Welt je eine gesicherte Gerechtigkeit gab. Und obwohl niemand von sich selbst behaupten kann, alles richtig zu machen, oder bereit ist, diesem Irrsinn entgegenzutreten, erwarten wir dies doch beharrlich von anderen. Die Psychopathen sind also nicht die einzigen, die nicht im Einklang mit der Gemeinschaft leben, auch wenn sie zweifellos eine besondere Ausprägung ihrer Rollengestaltung haben. Wir alle führen ein Leben, das unweigerlich Leid erzeugt, eben nur nicht so extrem. Für mich ist unsere Erde ein Ort der Entwicklung, wo jeder Bewohner wissentlich oder unwissentlich seiner Erlösung entgegenstrebt. Man könnte aber auch ebenso sagen, dass unser Planet eher einer großen Psychiatrie ähnelt, deren Insassen sich bekämpfen und ihren Fokus lieber auf die Durchsetzung ihrer eigenen Bedürfnisse ausrichten, als sich gemeinschaftlich für eine bessere Welt einzusetzen.

Wer verinnerlicht hat, dass die Menschheit weit davon entfernt ist, gesund zu sein und menschlich zu handeln, dem fällt es leichter, nicht permanent gerechte und achtsame Handlungen zu erwarten. Wir wurden nun einmal in eine unvollkommene Welt hineingeboren, haben eine ebenso unvollkommene Erziehung genossen und treffen folglich Entscheidungen, die dies widerspiegeln.

Wir sind alle noch am Anfang des Weges – und der Weg ist noch weit. Das ist die Wirklichkeit. Das müssen wir unbedingt zur Kenntnis nehmen.

Die Menschheit wird noch viele, viele Erfahrungen und lange Zeiten durchleben müssen, um Güte und Nächstenliebe anhaltend zu leben. Und all jene, die an ihrer bisherigen Vorstellung festhalten möchten und Unmögliches erwarten, schlagen nur weiter mit dem Kopf an die Wand und fügen sich selbst dabei Verletzungen zu.

Aber dennoch bedeutet das Wissen um diesen Mangel im Umkehrschluss auf keinen Fall, und nun komme ich auch wieder gezielt auf die Quälgeister zurück, dass nicht jeder sich für seine Bedürfnisse einsetzt und dazu beiträgt, dass die Welt gerechter, lebenswerter und liebevoller wird. Es geht nicht nur darum, nicht an der Welt zu verzweifeln, sondern motiviert zu sein, zu ihrem Heilungsprozess beizutragen.

Zurückhaltung hat Größe

In diesem Buch haben Sie viele Werkzeuge für den Umgang mit psychopathischen Menschen erhalten. Das ist das eine. Aber das andere ist, wie gesagt, Ihre innere Haltung.

Wenn Sie sich diese Zusammenhänge vor Augen führen, werden Sie nicht ständig in Erstaunen verfallen, weil andere nicht so reagieren, wie Sie es gerne hätten oder erwarten. Wenn Sie ihren Mangel erkennen und ihre absolute Unfähigkeit, sich davon zu lösen, können Sie selbst die Verantwortung für sich und die Menschen übernehmen, die Sie lieben. Sie können solche Menschen nicht ändern, nur bleiben Sie nicht länger ihre Zielscheibe und wundern sich nicht jeden Tag aufs Neue über ihre Eskapaden. Und berücksichtigen Sie in Ihrem Urteil über sie auch ihre eigene Ohnmacht.

Diese Menschen sind nicht immer bewusst böse um der Bosheit willen, sondern sie erliegen ihrer eigenen Unfähigkeit, gute Gefühle aufzubringen und zu erkennen, was sie mit ihrem emotionslosen, selbstsüchtigen Handeln anrichten. Ihr Lebenswandel wird sich für sie noch früh genug als Bumerang erweisen, und die Geister, die sie riefen, werden sich gegen sie selbst richten. Selbst dann, wenn wir es ihnen nicht einmal wünschen. So funktioniert nun einmal das Gesetz der Resonanz, dem sich niemand von uns entziehen kann. Mein Fazit bis hierher lautet also:

Werden Sie sich klar darüber, dass Psychopathen selbst ihr erstes Opfer sind.

Machen Sie sich bewusst, dass das Verhalten der Psychopathen nichts mit Ihnen zu tun hat, sondern lediglich die tiefe Abspaltung von deren eigenen guten Gefühlen ausdrückt.

Erweisen Sie den Psychopathen im Stillen Respekt vor ihrem Schicksal und ihrer aussichtslosen Lage, da ihr Leben nie segensreich für andere werden kann. Und ein Leben, das nur sich selbst nützt, ist ein ganzes Stück weit ein unnützes Leben.

Hätten wir haargenau das Gleiche im Leben erlebt oder die gleiche genetische Disposition empfangen, würden wir heute sehr wahrscheinlich den gleichen psychopathischen Abwehrmechanismen erliegen und unsere Mitmenschen quälen.

Üben Sie sich um Ihrer selbst willen im Vergeben. Denn ein Leben ohne Verzeihen heißt Feststecken in der Vergangenheit und Verharren im Schmerz, und dafür sollten Sie sich zu schade sein.

Bewahren Sie sich Ihr Recht, glücklich zu sein, und lassen Sie es sich von niemandem vergiften.

Sich selbst vergeben

Vielleicht fragen Sie sich: Wofür soll ich mir vergeben, wenn ich doch schlecht behandelt wurde? Auf den ersten Blick hat dieser Gedanke eine gewisse Logik, aber bei genauerem Hinschauen kommen Sie wahrscheinlich zu einem anderen Ergebnis.

Wenn Sie nämlich einen Blick hinter die Fassade werfen, werden Sie erkennen, dass Sie bei diesen bösen Spielen, wie ich sie nenne, auch mitgespielt haben. Sicherlich aus großer Hilflosigkeit heraus und nicht freiwillig. Aber Sie haben mitgespielt. Die Frage, die sich stellt, ist lediglich, was Sie veranlasst hat, in diesem Zerstörungswahn auszuharren. Wir haben es schon mehrfach betrachtet: Es ist die Angst.

Wer beispielsweise so einen Tyrannen als Vorgesetzten hat, erträgt dessen Attacken aus Angst, den Job zu verlieren. Hat der Ehemann ein psychopathisches Verhalten, will man möglicherweise die Kinder vor einer Scheidung bewahren oder hat Angst vor dem Alleinsein, Angst vor finanziellen Einbußen etc. Möglicherweise ist es auch nur ein Glaubenssatz wie: „Ich bin nicht wert, dass ich geachtet werde", der einem verbietet, für sich einzustehen. Es gibt sogar Menschen, bei denen einen das Gefühl beschleicht, dass sie mit unsichtbaren Buchstaben eine Einladung auf ihrer Stirn tragen: Ich bin Opfer, bitte bediene dich! Es ist also immer eine Angst präsent, die größer ist als der Schmerz, der einem zugefügt wird, sonst würde man sich nicht verletzen lassen.

Jeder verantwortungsvolle Familienvater ist wahrscheinlich bereit, viele Demütigungen auf sich zu nehmen und Unerträgliches auszuhalten, um die Existenz seiner Familie nicht zu gefährden. So weit so gut. Doch seine Gefühle lassen sich nicht unbeschadet mit Füßen treten und dauerhaft demütigen. Er ist ein Mann und möchte sich deshalb auch wie ein Mann verhalten dürfen. Die Opferrolle, die er für seine Familie auf sich nimmt, wird ihm auf der emotionalen Ebene Probleme bereiten, denn sein Anpassungsverhalten ergibt zwar rational Sinn, zwingt ihn aber zur Aufgabe seiner Selbstachtung. Und das können sich die Wenigsten verzeihen.

Wir Menschen möchten authentisch, selbstbewusst und frei sein. Das heißt natürlich nicht, dass wir alles bekommen müssen, was wir uns wünschen, und dass jeder nach unserer Pfeife tanzen muss, ganz und gar nicht. Es heißt aber, dass wir für unsere Würde einstehen und sie mit aller Macht verteidigen möchten. Das ist der Idealfall. Doch das Leben wird uns immer wieder knifflige Erfahrungen bescheren, in denen wir nicht eindeutig oder gar nicht für uns einstehen können. Aber wenn wir fähig werden, unsere Schwächen respektvoll zu akzeptieren und wieder von vorn beginnen, wenn wir mit uns unzufrieden sind, dann werden wir dem wahren Leben ein großes Stück näherkommen. Haben Sie schon einmal darüber nachgedacht, dass Selbstvergebung nichts anderes als eine Form der Selbstbestimmung ist? Denn wer sich selbst verzeihen kann, entzieht sich mehr und mehr dem Zugriff negativer Einschränkungen und sorgt für eine harmonische und ausgeglichene Gefühlswelt.

Nutzen Sie die Möglichkeit, ab jetzt alles etwas sportlicher zu betrachten und es als Anlass zu nehmen, Ihr Seelenfeld zu reinigen. Lassen Sie die Schönfärberei hinter sich und erlauben Sie sich einen offenen Blick auf Ihre Rollen in diesen Dramen. Dann sehen Sie, dass Sie nicht einfach ein zufälliges Opfer sind, sondern dass alles im Grunde nur wie ein großer Spiegel ist, den Ihnen das Leben vorhält, damit Sie darin Ihre unerlösten Anteile betrachten können. Lassen Sie sich genügend Zeit für die neuen Wachstumsprozesse und betrachten Sie sich immer mit liebevoller Geduld und Vergebung, denn das haben Sie verdient.

Sicherlich ist es ein großer Sprung vom unschuldigen Opferdasein hin zu selbstverantwortlichem Handeln, aber der Weg wird sich als stimmig erweisen, und die Wahrheit wird Sie befähigen, aufrecht und selbstsicher durchs Leben zu gehen und den Psychopathen mit Stärke zu widerstehen.

Die Rolle der Kindheitserfahrungen

Sehr viele Menschen haben eine schwere Kindheit durchlitten, in der ihnen große Wunden zugefügt wurden, und dafür ziehen sie nicht selten ihre Eltern hart zur Verantwortung. Von ihrem Gesichtspunkt aus kann ich diese Reaktion sehr gut nachvollziehen. Doch ist es auch hilfreich, die Vergangenheit einmal aus der Vogelperspektive zu betrachten. Dann sieht man, dass man in der eigenen Familie nicht das einzige Opfer war.

Wie erging es denn beispielsweise Ihren Eltern? Haben sie ihrerseits die nötige Liebe und Respekt erhalten? Wohl nicht, denn von wem sollten sie die Werkzeuge in die Hand bekommen haben, ihre eigenen Kinder einmal besser zu erziehen, als sie es selbst erfahren haben? Von Generation zu Generation wurde Leid übertragen. Unsere Eltern waren ein Glied in einer unendlich langen Kette von Leid. Natürlich gab es schon immer einige Ausnahmen, aber in der Regel wurden sie nicht mit hoher Wertschätzung und Liebe erzogen. Und je weiter man zurückblickt, desto schwieriger waren die Zeiten. Da ging es in erster Linie um das nackte Überleben, und all diese Feinheiten der Kindererziehung, um die wir heute wissen, waren damals den meisten gar nicht bekannt. Als ich einmal meine eigene Familienchronik gelesen habe, ist mir sehr schmerzhaft bewusst geworden, in welch ungeheuer schwierigen Zeiten meine Vorfahren gelebt hatten. Viele Kinder waren in unserer Familie gestorben, und viele Mütter sind dem Kindbettfieber erlegen. Und trotz all des fürchterlichen Elends hatten die Menschen nicht einmal einen geschützten Raum zum Trauern. Das Leben musste weitergehen, wenn man überleben wollte.

Da wir heute weit mehr über Kindererziehung und Partnerschaft wissen, stellen sich an uns aber auch wieder neue Anforderungen. Auch wir können, trotz viel pädagogischen Wissens, unsere Kinder nicht vor Erziehungsfehlern bewahren, genauso wenig wie sie später einmal ihren Kindern gegenüber alles richtig machen werden. Wir Menschen sind nicht vollkommen und können uns deshalb leider nicht davor schützen, Fehler zu machen, selbst wenn wir uns noch so sehr bemühen.

Aber wir können Vergebung üben, indem wir den Blick immer wieder auf den größeren Zusammenhang richten und nicht unser persönliches Schicksal als zusammenhanglosen Einzelfall betrachten. Zwar glauben wir nur zu gerne, dass sich alles nur um uns dreht, aber so ist es nicht. Wie ein kleiner Faden, der in einen großen Teppich verwebt ist und der nie das ganze Muster erkennen kann, so sind auch wir für die größeren Zusammenhänge blind.

Ich wünsche Ihnen, dass Sie zu jenen zählen, die bereits durchlässig genug sind, um zu neuen Ufern aufzubrechen. Denn dann wagen Sie es, in allen Situationen des Lebens tiefer hinabzutauchen unter die Oberfläche des Sichtbaren, um eine Ahnung von der darunterliegenden Wahrheit zu erlangen. Das ist echte Stärke und wahre Größe.

Wenn Sie eines Tages sogar den Gedanken zulassen können, dass Ihre Begegnungen mit psychopathischen Charakteren nicht aus Willkür geschehen, sondern Ihnen als Wachstumsmöglichkeit dienen, dann gibt es in Wirklichkeit auch nichts zu vergeben. Colin Tipping hat beispielsweise in seinem Buch „Ich vergebe" für all jene, die sich mit diesem Thema in spiritueller Hinsicht auseinandersetzen möchten, einen umfangreichen Einblick gewährt.

Vergebungsarbeit

Eine mögliche Hilfestellung zur Vergebungsarbeit zeigt Byron Katie mit ihrer Arbeit „The Work". Sie stützt sich auf die Überzeugung, dass wir nicht wissen, wie wir in Frieden leben können, weil wir es sonst tun würden.

Mithilfe einer speziellen Fragetechnik kann man dabei die eigenen Annahmen über Mitmenschen, über sich selbst, aber auch über alle möglichen Situationen überprüfen und verändern. Ich wende diese Technik nicht an, um in tiefe Bewusstseinsschichten zu gelangen und alte Wunden zu heilen, sondern empfinde sie als ein brauchbares Werkzeug, um sich bestehender Glaubenssätze bewusst zu werden und sie aufzulösen. Denn Glaubenssätze spielen auch beim Vergeben eine wesentliche Rolle.

Byron Katie möchte uns daran erinnern, dass Frieden nicht im anderen, sondern in uns selbst beginnt, und wir nicht weiterkommen, wenn wir alles auf „die da draußen" abschieben, ohne uns selbst zu verändern. Keiner hat die Macht, andere zur Veränderung zu zwingen, aber jeder hat die Möglichkeit, sein eigenes Bild so zu ändern, wie die Realität beschaffen sein sollte. Es kann nicht gut gehen, wenn man seine Glaubenssätze mit der Wirklichkeit verwechselt. Wer aber bereit ist, über die eigenen Projektionen von Wut und Angst hinauszugehen, wird einem Leben in Synchronizität schon ein bedeutendes Stück näherkommen, anstatt weiterhin in Mangel und Selbstausbeutung zu leben.

Ich werde diese Technik anhand einer aufgezeichneten Sitzung mit einer Klientin vorstellen. Meike ist nicht mit einem Psychopathen verheiratet, aber es geht bei dieser Arbeit um Grundsätzliches, nämlich darum, selbst die Verantwortung für die eigenen Gefühle zu übernehmen und nicht darauf zu warten, bis das Gegenüber sich ändert. Meike hat mir die Wiedergabe gerne gestattet, damit sie vielleicht den einen oder anderen Leser inspirieren kann zu vergeben, sich aus Abhängigkeiten zu befreien und auf die eigene Entwicklung zu setzen.

Jeder, der mit dieser Methode arbeitet, entwickelt im Lauf der Zeit seine eigene Handschrift. So ist auch meine Arbeit keine hundertprozentige Wiedergabe des Originals. Sie soll in diesem Buch auch nur als mögliche Herangehensweise für Vergebungsarbeit stehen.

Der entscheidende Aspekt bei dieser Arbeit ist, das Wissen freizulegen, dass wir von anderen das erwarten, was wir uns eigentlich selbst geben müssten. Und weil wir es nicht verstehen, für uns selbst zu sorgen, nehmen wir schnell andere in die Pflicht, unsere Bedürfnisse zu erfüllen. Deshalb endet die Arbeit mit der Umkehrung des ursprünglichen Glaubenssatzes auf die eigene Lebenssituation.

Die Sitzung beginnt damit, dass der Klient sein Problem zu einem Satz formuliert, der zur Grundlage der darauffolgenden Arbeit wird. Der Betroffene wird im entspannten Zustand zunächst mit standardisierten Fragen (im nachfolgenden Fall fett gedruckt) konfrontiert, die beliebig tief und individuell weiter hinterfragt werden. Beispielhaft sind nachfolgend die Fragen (F) und Meikes Antworten (A) aufgeführt.

Meikes Glaubenssatz lautete: „Mein Mann liebt mich nicht."

F: Ist es wahr, dass dein Mann dich nicht liebt?
A: Ja, und zwar tausend Prozent.

F: Wie fühlt sich diese Feststellung in dir an?
A: Ich bin enttäuscht und verbittert.

F: Was tust du dir mit dem Gedanken an?
A: Wie? Was soll ich mir mit dem Gedanken antun?

F: Wie fühlt er sich beispielsweise in deinem Körper an?
A: Ich bin total verspannt und ständig tut mir irgendwas weh. Und ich bin voller Wut.

F: Wie verhältst du dich mit dieser Wut anderen Leuten gegenüber in Bezug auf deinen Mann?
A: Na ja, ich beklage mich oft über ihn. Allerdings zu Recht.

F: Wie sieht es bei deinem Mann aus, beklagt er sich auch in aller Öffentlichkeit über dich?
A: Nein, er hat aber auch keinen Grund.

F: Oh, dann habe ich heute den ersten Menschen vor mir, der alles vorbildlich macht, sogar dann, wenn er voller Wut und Verbitterung ist – Respekt.
A: So habe ich das nicht gemeint. Ich hab' auch schon ein paar Fehler. Aber halt nicht so wie er.

F: Wo ist die Grenze dafür, jemanden öffentlich vorzuführen oder besser still zu sein?
A: Du hast recht. Das war blöd von mir. Wenn ich hören würde, dass er schlecht über mich spricht, dann wäre was los. Ich sollte mich ab jetzt auch mal mehr zurückhalten.

F: Kannst du dir wirklich vollkommen sicher sein, dass dein Mann dich nicht liebt?
A: Ich sagte ja schon, absolut sicher.

F: Hat dein Mann dir das gesagt, dass er dich nicht liebt?
A: Nein, gesagt hat er es nicht. Aber das weiß ich trotzdem.

F: Und woran machst du es fest, dass er dich nicht liebt?
A: Weil man sich anders verhält, wenn man liebt. Dann würde er mir zum Beispiel zuhören, wenn ich mit ihm rede.

F: Also die Tatsache, dass er nicht zuhören kann, interpretierst du als Mangel an Liebe? Sag′ mal, hört er nur dir nicht zu, oder auch anderen nicht?
A: Nein, er hört niemandem zu, der lebt immerzu in seiner eigenen Welt.

F: Aber dann ist es kein spezifisches Problem zwischen euch beiden, sondern ein spezielles Problem von deinem Mann. Stimmt das so?
A: Ja schon, aber ich kann doch erwarten, dass er bei mir einen Unterschied macht. Ich bin schließlich seine Frau und nicht irgendjemand.

F: Du siehst selbst bei deinem Mann, dass er die Kunst des Zuhörens offensichtlich nicht beherrscht, und wertest es dennoch gegen dich. Aber gerade der Umstand, dass er generell nicht zuhören kann, ist doch ein Zeichen dafür, dass er es nicht gelernt hat und deshalb auch nicht anwenden kann. Findest du es nicht grotesk, etwas einzufordern, was er derzeit nicht erbringen kann?
A: Ja schon, aber trotzdem will ich das!

F: Fordert dein Mann von dir auch Dinge ein, die du nicht erbringen kannst?
A: Eigentlich nicht.

F: Das könnte auch darauf hinweisen, dass er möglicherweise viel reifer ist, als du denkst, wenn er dich einfach so lassen kann, wie du bist, mit all deinen Licht- und Schattenseiten. Ich würde auf den ersten Blick eher demjenigen Liebe unterstellen, der seine eigenen Bedürfnisse zurückstellen kann und seinen Partner so akzeptiert, wie er ist, als jemandem, der für sich Dinge erzwingen möchte, die der andere gar nicht geben kann. Was meinst du?

A: (Jetzt flüchtet sie und springt auf eine andere Schiene.) Es ist ja nicht nur das Zuhören, er ist keine Spur zärtlich, er umarmt mich nicht, er liebt mich eben einfach nicht.

F: Gibt es andere Menschen, die dein Mann regelmäßig umarmt? Vielleicht die Kinder, Freunde, Eltern?

A: Ich glaube eher, dass er nicht einmal weiß, dass er zwei Arme hat, außer um Bierkästen zu schleppen und die Fernbedienung zu benutzen.

F: Aha, dein Mann kann im Allgemeinen keine Gefühle zeigen. Aber mich würde interessieren, ob er die Kinder liebt?

A: Ja, sicher liebt er die Kinder. Der würde alles für sie machen. Aber machen, nicht umarmen oder trösten.

F: Wie verhältst du dich in solchen Situationen gegenüber den Kindern?

A: Na ja, (Pause) eigentlich stachle ich sie gegen ihn auf, merke ich gerade.

F: Was macht das mit deinen Kindern?

A: (Sie weint.) Ich mache sie damit traurig.

F: Warum machst du das?

A: Wahrscheinlich, damit mein Mann mal merkt, dass es so nicht geht.

F: Hast du das Recht, deine Kinder für deine Zwecke zu instrumentalisieren?

A: Nein, das tut mir sehr leid. Und ich schäme mich dafür. Ich mache das nie mehr.

F: Du hast mir eben gesagt, dass dein Mann die Kinder liebt und dennoch keine Zärtlichkeit zeigen kann. Wieso interpretierst du es bei dir dann gegen dich?

A: Hm, (lange Pause) ich habe schon immer geglaubt, dass ich nicht sehr liebenswert bin.

F: Kann es sein, dass du deinen Glaubenssatz, dass du nicht liebenswert seist, deinem Mann untergejubelt hast, und er jetzt die Suppe auslöffeln muss, die andere gekocht haben?

A: Kann schon sein. Ich denke ja auch oft, dass die Kinder mich nicht lieben.

F: Gibt es irgendeine Person, von der du glaubst, dass sie dich ganz und gar liebt?

A: Nein, mir fällt niemand ein.

F: Hast du ein Gefühl, von wem du diesen Glaubenssatz, dass du nicht liebenswert bist, übernommen hast?

A: Ich denke, von meinen Eltern. Für die war ich schon immer blöd und bin es heute immer noch.

F: Die Vergangenheit zu bearbeiten ist eine eigene große Geschichte. Wenn du magst, beginnen wir das nächste Mal damit. Lass uns jetzt aber wieder zu deinem Mann zurückkommen. Wie steht es eigentlich mit seinem Lebensplan? Kennst du ihn?

A: Nein, natürlich nicht.

F: Du gehst aber trotzdem davon aus, dass er sein Leben und seine Befindlichkeiten auf dich ausrichten muss. Hast du nie darüber nachgedacht, dass er auch eigene Erfahrungen machen darf und diese genauso wichtig sind wie deine?

A: Nein, das habe ich bisher nicht getan.

F: Und kannst du jetzt sehen, dass die Erfahrungen, die du mit ihm gemacht hast, gerade für dich sehr wichtig waren? Ist dir nicht gerade durch sein Verhalten letztendlich klar geworden, dass dir etwas Grundsätzliches fehlt, das weit über seine Möglichkeiten hinausgeht?

A: Ja, das stimmt. Das habe ich eben erkannt.

F: Was würdest du davon halten, ihn erst einmal da abzuholen, wo er gerade steht, und ihn so zu bejahen, wie er jetzt ist?

A: Du hast recht. Eigentlich kämpft er, wie ich ja auch, mit seinen eigenen Problemen. Es hat wohl gar nichts mit mir zu tun. Er hat in seinem Leben auch nie viel Liebe bekommen. Vielleicht ist er deshalb so unzugänglich. Außerdem war ich ihm auch nie eine große Hilfe. Ich habe ihm immer das Gefühl gegeben, dass er mir nicht gut genug ist.

F: Bist du der Meinung, dass du mit deinem Verhalten für ihn als Frau besonders attraktiv oder begehrenswert bist?

A: (Sie weint und lacht bitter.) Mein Gott – ich bin wirklich so eine keifende unzufriedene Frau, die nur darauf wartet, ihm seine vermeintliche Lieblosigkeit zurückzuzahlen. Kaum zu glauben, dass er noch nicht geflüchtet ist.

F: Wie wärst du, wenn du den Gedanken, dass dein Mann dich nicht liebt, loslassen könntest?

A: (Lange Pause.) Ich wäre glücklich. Ich würde mich freuen, wenn er nach Hause kommt. Ich würde mich vielleicht zum ersten Mal in meinem Leben als Frau fühlen. Und ich würde nicht mehr schlecht über ihn sprechen. Und ich würde gegenüber den Kindern keine abfälligen Bemerkungen mehr machen. Wir wären vielleicht eine richtige Familie.

F: Würdest du dich so mögen?

A: Ja, das würde ich. Ich wäre so gerne ein Mensch, der sich mag und nicht schlecht über andere denkt. Ich glaube, das würde ich mir von allen Dingen am meisten wünschen, zufrieden zu sein mit mir und allen anderen.

F: Bist du bereit, dass wir es versuchen, und die Umkehrung probieren?

A: Gerne.

F: Okay. Dein Gedanke zu Beginn der Arbeit hieß: Mein Mann liebt mich nicht. Was könnte das in der Umkehrung bedeuten?

A: Ich sehe jetzt, dass ich mich nicht liebe. Ich muss lernen, mich zu lieben. Stimmt doch, oder?

F: Ja, es stimmt. Hättest du eine Möglichkeit gehabt, dir selbst Liebe zu schenken und dich wertzuschätzen, hättest du nicht deinen Mann mit Schuldzuweisungen zur Verantwortung gezogen. Du hättest ganz selbstverständlich, ohne darüber nachzudenken, Dinge getan, die deiner Seele guttun. Du hättest dir so gefallen, wie du bist. Und die Auseinandersetzungen mit deinem Mann hätten nicht auf Vorwürfen basiert, sondern wären konstruktiv und von Verständnis getragen gewesen. Weißt du, das Paradoxe daran ist, dass selbst dann, wenn dein Mann dir sichtlich Zärtlichkeit entgegengebracht hätte, diese wahrscheinlich bei dir dennoch nicht angekommen wäre. Wenn dich dein Glaubenssatz davon überzeugt, dass du nicht liebenswert bist, kannst du keine Erfüllung annehmen; du hättest Gründe gefunden, dir die Erfahrung der Liebe zu verweigern. Möchtest du dich jetzt nicht lieber auf einen neuen Weg machen, und selbst die Verantwortung für deine Gefühle übernehmen?

A: Ja, das will ich. Ich will nicht mehr warten, bis mein Mann oder meine Eltern meine Bedürfnisse befriedigen. Ich habe das Leiden und diese Minderwertigkeitsgefühle so satt. Ich will diese alten Kamellen loswerden, und zwar jetzt. Ich weiß im Moment noch nicht, wie das genau gehen kann. Aber ich werde es lernen. Ich bin bereit.

Meike hatte nicht nur die Weichen für ein neues Leben gestellt, sondern sie konnte ihrem Mann vergeben. Und es fiel ihr nicht einmal schwer, da sie verstanden hatte, dass er ebenso wie sie selbst in seiner eigenen Geschichte gefangen war und es ihm lediglich Angst bereitete, Nähe zuzulassen. Dieses Wissen, dass es nichts mit ihr zu tun hatte, war also ausschlaggebend für ihre tief greifende, ehrliche Vergebung.

Diese Methode kann man für alle Beziehungen und Konstellationen anwenden. Das Ziel ist immer dasselbe, nämlich zu erkennen, dass wir selbst aufgerufen sind, mit uns achtsam umzugehen und diese Verantwortung nicht auf anderen abladen können.

Falls Sie für sich allein in dieser Form arbeiten möchten, gebe ich Ihnen noch weitere allgemeine Fragen zur Selbstbetrachtung, die bei etwas gutem Willen viel Erkenntnis bringen können. Der Einfachheit halber werde ich den Begriff Partner wählen, die Herangehensweise gilt aber genauso gut bei einem Nachbarn, einer Freundin, einer Kollegin usw.

> *Können Sie davon ausgehen, dass Ihre Bedürfnisse der Mittelpunkt des Lebens sind?*

> *Glauben Sie, dass Ihr Partner kein Recht auf eigene Gefühle und Bedürfnisse hat, sondern sich Ihren Vorstellungen anpassen muss?*

> *Glauben Sie, dass Ihr Partner nur deshalb auf die Erde gekommen ist, um Ihre Erwartungen zu erfüllen?*

> *Sind Sie der liebe Gott, dass Sie wissen, welche Prozesse er durchleben muss und welche Erfahrungen für ihn bestimmt sind?*

> *Kennen Sie Ihre eigene Lebensaufgabe überhaupt, da Sie angeblich wissen, was sein soll und was nicht?*

Haben Sie DIE Wahrheit gefunden oder lediglich Ihre momentane?

Sind Sie ganz sicher, dass Sie Ihre eigenen Bedürfnisse nicht mit den Pflichten Ihres Partners verwechseln?

Woher wissen Sie, dass Sie Ihrem Partner nicht gerade deshalb begegnet sind, damit Sie etwas lernen können?

In dieser Art können Sie selbst noch viele eigene Fragen entdecken. Nur zu, es ist eine sehr ernüchternde und befreiende Arbeit.

Es gibt aber noch andere Methoden, die bereits in die tiefen Bereiche der Heilarbeit führen und gleichfalls sehr gute Vergebungsmöglichkeiten beinhalten.

Spirituelle Heilung

Eine sehr bekannte Technik beschreibt Brandon Bays mit „The Journey", worunter sie eine Reise in die eigene Seelen-landschaft versteht, um an dem Punkt den Schmerz aufzu-lösen, wo er sich festgesetzt hat. Ich selbst arbeite sehr gerne mit dieser und ähnlichen Methoden, da sie zum einen Verge-bungsprozesse, zum anderen aber auch große Heilungschan-cen durch neuronales Überschreiben erzielen.

Der bekannte Neurobiologe und Hirnforscher Prof. Dr. Gerald Hüther von der Universität Göttingen macht uns Mut, indem er sagt, „dass wir gemachte Erfahrungen in unserem Gehirn nicht ausradieren können. Jedoch können Überschreibungen, wenn sie richtig angewendet werden und bestimmte Voraussetzungen erfüllen, emotional stärker als die alte Erfahrung werden".

Vielleicht möchten Sie sich zu einem späteren Zeitpunkt nicht nur mit dem Thema Vergebung, sondern auch mit Ihrer eigenen Selbstheilung beschäftigen. Dann wären Ihre schwie-rigen Lebenserfahrungen das gewesen, was sie im eigent-lichen Sinne sind: nämlich Türöffner zu Ihrer Seele.

Zum Ende dieses Kapitels möchte ich für all jene, die sich gerne auf die tieferen, spirituellen Zusammenhänge des Le-bens einlassen, eine eigene mystische Erfahrung im Zusam-menhang mit einem Psychopathen berichten. Sie war damals meine erste Vision im Hinblick auf diese Menschen, und ich erlebte sie, als ich vor vielen Jahren noch relativ unwissend einem wahren Meister dieser Spezies begegnete. Sein Spezial-gebiet lag in der Kunst der Täuschung und des Lügens, was mich immer wieder auf die Palme brachte.

Eines Tages, als der Schwindler wieder einmal ganz entrückt eine Geschichte konstruierte, die so himmelschreiend war, dass ich sie als tiefe Beleidigung meiner Intelligenz verstand und bereits innerlich ganz und gar aufgebracht war, öffnete sich plötzlich vollkommen unerwartet mein Blick, und ich sah einen Engel zwischen uns stehen. Er legte ihm seine Hand auf die Schulter und lächelte mich unbeschreiblich liebevoll und vollkommen gelassen an und sprach: „Bärbel, das Lügen ist sein Problem, mache es nicht zu deinem."

In diesem Augenblick fiel es mir wie Schuppen von den Augen: All diese Inszenierungen, Täuschungen und Lügengeschichten hatten gar nichts mit mir zu tun. Sie waren lediglich Ausdruck seines eigenen zerrütteten Innenlebens. Es waren Aufgaben, die er zu lösen hatte, und die ich nicht mit mir in Verbindung bringen musste.

Mir wurde wieder einmal von Neuem bewusst, wie sehr wir dazu neigen, uns auf alle Dramen, die das Leben zu bieten hat, einzulassen, um sie dann mit viel Bemühen am Laufen zu halten. Sind wir aber bereit, einmal unsere althergebrachte Sichtweise für einen Moment infrage zu stellen, dann können wir sehen, dass diese Menschen in unserem Leben sozusagen nur Trainingspartner für unsere Entwicklung sind. Wir kämpfen und reiben uns aneinander und üben uns dabei im Überwinden unserer Schwächen.

Goethe wusste sehr gut darum und lehrte es uns im „Faust", worin er Mephistopheles wohl eine der größten Weisheiten aussprechen ließ: „Ich bin ein Teil aus jener Kraft, die stets das Böse will und stets das Gute schafft."

So sind unsere Erlebnisse in einem viel größeren Zusammenhang zu sehen und von ganz anderer Natur, als wir es glauben. Nur können wir es meistens nicht erfassen. Geben

Sie sich deshalb einen Ruck und versuchen Sie, jenen zu vergeben, die so wenig von der Liebe wissen. So können Sie viel dazu beitragen, dass es auf unserem Planeten menschlicher zugeht und wir uns ein kleines Stückchen den Idealen nähern, die wir so sehr ersehnen.

Ein Abendritual

Eine schöne Möglichkeit, sich selbst zu vergeben, liegt in einem kurzen Abendritual. Wenn Sie zu Bett gegangen sind, können Sie vor Ihrem inneren Auge noch einmal den Tag Revue passieren lassen. Für alles, was Sie zufrieden stimmt, dürfen Sie sich loben. Und alles, was Ihnen Ihrer Vorstellung nach nicht gelungen ist, können Sie sich mit einem gütigen Lächeln liebevoll verzeihen. Sagen Sie sich sinngemäß: Ich konnte heute nicht verzeihen, weil ich noch zu sehr verletzt bin. Ich benötige noch etwas Zeit dafür. Mir läuft nichts davon, denn ich weiß, dass man Vergebung nicht erzwingen kann, wenn sie aufrichtig und befreiend sein soll.

Oder vielleicht war Ihr Tag von Furcht überschattet, dann können Sie zu sich selbst sagen: Heute habe ich noch zu viel Angst gehabt, um mich zu wehren. Diese Muster haben sich nun einmal jahrzehntelang in mir verfestigt, sodass ich mir jetzt auch viel Zeit gönnen kann, sie nach und nach aufzulösen. Ich habe keine Eile und lasse auch Rückschläge zu. Dass ich meinen Schatten sehen kann, ist ja schon ein Zeichen dafür, dass ich bereits in der Sonne stehe.

Auf solche oder ähnliche Weise können Sie sich mit dem vergangenen Tag aussöhnen. Wer gerne betet, möchte sich an dieser Stelle bestimmt für das Gelungene bedanken und kann alles Missglückte in Gottes Hände zurückgeben, in dem Wissen, dass er alles zum Guten richten kann. Denn Gott schreibt selbst auf krummen Zeilen gerade. Dann schließen Sie in Ihren Gedanken bewusst die Tür des Tages mit all den unzähligen Eindrücken und lenken Ihre Aufmerksamkeit dankbar auf die freudige Erwartung eines erholsamen Schlafes.

Ein letztes Wort

Sie haben nun viel über das Wesen der Psychopathen erfahren und wissen, dass Sie ihnen ganz und gar nicht von vornherein ausgeliefert sind und nicht klein beigeben müssen. Ich würde mir sehr wünschen, dass ich Sie davon überzeugen konnte, dass ihr Verhalten überhaupt nichts mit Ihrer Person und Ihrem eigenen Wert zu tun hat. Psychopathen sind einfach nur fabelhafte Blender, die ihrem tiefen Bedürfnis zur Überkompensation gnadenlos erliegen. Sie leben ein Selbstbewusstsein ohne Bewusstsein und erinnern bei genauerem Hinsehen weniger an den überlegenen Siegertypen als an das Märchen vom tapferen Schneiderlein, das großspurig seinen Gürtel zur Schau trug, auf dem „Sieben auf einen Streich" geschrieben stand. Und da die Wahrheit nie ans Licht kam, ahnte niemand, dass es nur sieben kleine Stubenfliegen waren, die er erschlagen hatte. Nur deshalb fürchteten sich alle vor ihm und behandelten ihn wie einen Helden.

Aber bei Ihnen kann dieser Trick jetzt nicht mehr greifen. Sie können Ihre alten Muster verlassen und Ihrem Bauchgefühl und Ihrem neuen Wissen vertrauen. Sie finden schon den geeigneten Weg für sich, um sich sicher und souverän zu behaupten. Das Leben ist wunderschön und kostbar, und es verdient Ihre Hingabe.

Dieses Buch hat den Weg zu Ihnen gefunden, weil die Zeit offensichtlich für Sie gekommen ist, wo Sie die nötige Stärke freisetzen können, um sich der alten Ängste zu entledigen. Vielleicht können Sie heute schon ein wenig mehr dem Leben vertrauen und erspüren, dass es Sie nicht überfordern, sondern allenthalben herausfordern möchte, um Sie aus dem tiefen Schlaf zu wecken, der Ihre größten Kapazitäten zurückhält. Wenn Sie Ihre jetzigen Konflikte also nutzen, um Ihre persönliche Entwicklung voranzutreiben, werden Sie eines Tages bestimmt den Psychopathen wirklich dankbar dafür sein, dass sie mit ihrem unnachgiebigen Verhalten Ihr Wachstum erst ermöglicht haben.

Zur Autorin

Bärbel Mechler, geboren 1958, arbeitet als Kommunikationsberaterin für Erwachsene und Kinder. Sie ist in klassischer Energie- und Heilarbeit nach Barbara Ann Brennan ausgebildet und arbeitet ebenso erfolgreich nach der Methode „The Journey" von Brandon Bays. Ein weiterer Schwerpunkt ihrer Arbeit liegt im persönlichen Coaching, in dem Einzelne oder Gruppen den souveränen Umgang mit unangebrachten Kommunikations- und Verhaltensstrukturen erlernen. Frau Mechler ist verheiratet, hat einen Sohn und lebt in der Nähe von Heidelberg.

Wenn Sie bei der Umsetzung des Gelesenen persönliche Unterstützung und mehr Sicherheit benötigen oder wünschen, empfehlen sich Seminare von Bärbel Mechler, in denen Sie gemeinsam mit anderen Betroffenen speziell auf Sie zugeschnittene Lösungswege finden. Ferner kann jederzeit eine telefonische Beratung in Anspruch genommen werden.

Internetseite der Autorin:
www.FindeZurHeilung.de

> Haben Sie Fragen an Bärbel Mechler?
> Anregungen zum Buch?
> Erfahrungen, die Sie mit anderen teilen möchten?
>
> Nutzen Sie unser Internetforum:
> www.mankau-verlag.de

Buchempfehlungen

Boerner, Moritz: **„Byron Katies The Work: Der einfache Weg zum befreiten Leben"**, 1999, Goldmann, München

Daskalos: **„Esoterische Lehren – Die Botschaft des ‚Magus von Strovolos'"**, 2000, Droemer Knaur, München

Lowen, Alexander: **„Bioenergetik – Therapie der Seele durch Arbeit mit dem Körper"**, 2008, Rowohlt, Reinbek

Molcho, Samy: **„Alles über Körpersprache – Sich selbst und andere besser verstehen"**, 2001, Mosaik, München

Molcho, Samy: **„Samy Molcho live"**, 2 DVDs, 2006, mvg Verlag, München

Reich, Wilhelm: **„Charakteranalyse"**, 1971, Kiepenheuer & Witsch, Köln

Quellenangaben

Seite 11: Gerhard Uhlenbruck: „Wortmeldungen. Wieder Sprüche voller Widersprüche, Aphoristische Notizen oder Rezepte zum Zitieren", 2009, Universitätsverlag Dr. N. Brockmeyer, Bochum

Seite 13: Robert Hare: „Gewissenlos – Die Psychopathen unter uns", 2005, Springer-Verlag GmbH, Heidelberg

Seite 22: Talmud, aus: www.gutzitiert.de

Seite 27: Khalil Gibran, „Der Prophet", 1996, Walter-Verlag, Olten und Freiburg

Seite 29: Horst A. Bruder: „TriebFeder", 1996, Frieling & Partner, Berlin

Seite 32: Andrzej Łobaczewski: „Political Ponerology – A Science on the Nature of Evil Adjusted for Political Purposes", 2007, Red Pill Press, Canada

Seite 35: Erich Kästner: Arthur mit dem langen Arm © Atrium Verlag, Zürich und Thomas Kästner

Seite 40: Karl Feldkamp, aus: www.karl-feldkamp.de.tl

Seite 42: Nach der Fernsehserie: „Ein Herz und eine Seele", Folge: Eine schwere Erkrankung, 1973, WDR

Seite 44: Waltraud Puzicha: „Kurz Belichtet, Klappe 1", 1997, Hirzel, Stuttgart

Seite 55: Ursula Schachschneider, aus: www.aphorismen.de

Seite 59: Stefan Schütz, aus: www.aphorismen.de

Seite 60: Christian Friedrich Hebbel, aus: www.aphorismen. de, Quelle: „Judith", 1841

Seite 62: Mark Twain, aus: www.zitate.de

Seite 70: Johann Wolfgang von Goethe: „Kunst und Altertum", 1823 – 1827

Seite 80: Leonardo da Vinci, aus: www.moeff.de

Seite 85: Joachim Bauer: „Warum ich fühle, was du fühlst – Intuitive Kommunikation und das Geheimnis der Spiegelneurone", 2006, Heyne, München

Seite 89: Johann Wolfgang von Goethe: Egmont – Trauerspiel

Seite 90: Stanisław Jerzy Lec: „Das große Stanisław Jerzy Lec Buch", 1990, Goldmann, München

Seite 102: Leo Tolstoi: „Für alle Tage – Ein Lebensbuch", 1906/07, Verlag Carl Reißner, Dresden

Seite 107: Al Bundy, aus: www.bild.de

Seite 111: Manfred Hinrich, aus: www.gesagtes.net

Seite 131: Thomas Carlyle, aus: www.aphorismen.de

Seite 137: Friedrich Nietzsche: „Menschliches, Allzumensch-liches. Ein Buch für freie Geister", 2006, Anaconda Verlag GmbH, Köln

Seite 138: Cäsar Flaischlen: „Deutsches Lesebuch für Volks-schulen", Band 1, 1942, Hausen Verlagsgesellschaft mbH, Saarlautern

Seite 150: Indianische Geschichte, Verfasser unbekannt, aus: www.zeitzuleben.de

Seite 158: Eckart Tolle: „Eine neue Erde – Bewusstseinssprung anstelle von Selbstzerstörung", 2005, Arkana, München

Seite 160: Albert Einstein, aus: www.zitate-online.de

Seite 160: Universität Frankfurt: Untersuchung zum Thema Mobbing, aus: Zeitschrift „Der Spiegel", 2006, SPIEGEL-Ver-lag, Rudolf Augstein GmbH & Co. KG, Hamburg

Seite 166: Karl Heinrich Waggerl, aus: www.digitale-schule-bayern.de

Seite 185: Felix Faure: aus: www.aphorismen.de

Seite 190: Frei nach Konfuzius

Seite 191: René Descartes, aus: www.domendos.com

Seite 214: Chinesische Weisheit, aus: www.hilferuf.de

Seite 227: Konrad Adenauer: aus: www.zitate-online.de

Seite 233: Zen-Geschichte, frei nach Derek Ling, Das Tao der Vergebung, aus: zentao.wordpress.com

Seite 234: Verfasser unbekannt, Quelle: Lebensfreude-Kalender 2009, PAL Verlagsgesellschaft mbH, Mannheim

Seite 236: Pater Anselm Grün: Vortrag in der Wendelinskirche in Reilingen am 10.03.2009

Seite 239: Harvey Arden / Steve Wall: „Hüter der Erde – Begegnungen mit Indianern Nordamerikas", 1994, Frederking & Thaler, München

Seite 260: Brandon Bays: „The Journey – Der Highway zur Seele": Erweiterte und überarbeitete Neuausgabe, 2012, Allegria, Berlin

Seite 260: Gerald Hüther: „Wie man sein Gehirn optimal nutzt", Audio CD, 2008, Auditorium Netzwerk, Müllheim-Baden

Seite 261: Johann Wolfgang von Goethe: „Faust", 1. Teil, 2000, Reclam, Stuttgart

Stichwortregister

Andreas Winter

HEILEN DURCH ERKENNTNIS

Die Intelligenz des Unterbewusstseins. Sich selbst und andere heilen. Mit Audio-CD

17,95 € (D)
18,50 € (A)
ISBN 978-3-938396-68-1

„Der Autor erläutert auf unterhaltsame Weise, wie Symptome von leichten Kopfschmerzen und Verspannungen bis zu Morbus Crohn und Allergien entstehen – nämlich als manifestierte Traumatisierungen eines hilflosen Kleinkindes. Zudem will er dem Leser / der Leserin durch eine geführte Begleitung auf der beiliegenden Audio-CD ermöglichen, sich selbst – und auch andere – von diesen Symptomen zu heilen." INTUITION Hamburg

Dr. med. Daniel Dufour

DAS VERLASSENE KIND

Gefühlsverletzungen aus der Kindheit erkennen und heilen

14,95 € (D)
15,40 € (A)
ISBN 978-3-86374-047-4

„Viele Leser werden sich in den zahlreichen anschaulichen Fallbeispielen Dufours wiederfinden und ihre eigene Lebensgeschichte mit anderen Augen betrachten." Newsage

„Es ist ein wichtiges Buch für Betroffene und Therapeuten, weil es wie kein zweites den betroffenen Menschen zum allein Verantwortlichen erklärt und nicht den allwissenden Therapeuten und die Diagnose in den Mittelpunkt stellt." Connection Special

Dr. med. Daniel Dufour

DIE HEILKRAFT INNERER KRISEN

Emotionen annehmen, ausleben – und heilen

14,95 € (D)
15,40 € (A)
ISBN 978-3-86374-103-7

Irgendwann im Leben befindet sich jeder Mensch einmal in einer schwierigen Lebenssituation – durch Krankheit, Verlust des Arbeitsplatzes, Scheidung, Trauer oder anderes –, einer Krise, die vielerlei heftige, oft diffuse Emotionen bei ihm auslöst. Allzu oft aber halten wir unsere Gefühle und Empfindungen zurück, vergleichbar einem Damm, der eine Überschwemmung verhindern soll.

Kathrin Emely Springer
DER SCHLÜSSEL ZUM UNTERBEWUSSTSEIN
Aktiviere deinen verborgenen Schatz!

12,95 € (D)
13,40 € (A)
ISBN 978-3-938396-41-4

„Die Diplom-Psychologin und Kinesiologin Kathrin Emely Springer (...) hat einen kurzweiligen Leitfaden verfasst, in dem sie die Lebensgesetze erklären und zeigen will, wie kraftvoll Gedanken sein können. (...) Die Tipps und Leitsätze sind leicht verständlich formuliert und zum Teil auch psychologisch fundiert und daher sehr gut nachvollziehbar."

Die Rheinpfalz / Beilage „Gesundheit & Wohlbefinden"

Doris Kirch
HANDBUCH STRESSBEWÄLTIGUNG
Lernen Sie in fünf Schritten, den Tiger zu zähmen
Mit Übungs-CD

19,95 € (D)
20,60 € (A)
ISBN 978-3-938396-34-6

„Das Buch ist prall gefüllt mit Wissen und Erfahrung. Beispiele aus dem Alltag gehen hier Hand in Hand mit aktuellen Forschungsergebnissen und Veröffentlichungen. Doris Kirch stellt diese Inhalte jedoch so lebendig dar, dass sich das Buch trotz der hohen Informationsdichte sehr flüssig liest. (...) Das Wissen, das die Autorin an ihre Leser weitergibt, beruht auf 20 Jahren Erfahrung mit Stressbewältigung – eine Expertise, die man dem Buch anmerkt. Absolut empfehlenswert!"

managerSeminare

Doris Kirch
ANTI-STRESS-BOX
Entspannen und meditieren
Anleitungen und Übungen für jede Lebenslage

UVP 29,95 €
5 Audio-CDs, ca. 277 Min.
ISBN 978-3-938396-40-7

„Auftanken, entspannen, zur Ruhe kommen, Sand unter den Füßen spüren... Urlaubsgefühl. Das kann man jeden Tag genießen: mit den Meditationen von Doris Kirch (...) – locker bleiben kann gelernt werden."

praxis+rech
